中等职业学校教科书

思想政治

基础模块

哲学与人生

教育部组织编写

高等教育出版社·北京

本册主编：刘　军　吴玉军
编写人员：（以姓氏笔画为序）
石　芳　白　洁　成云雷　张　霄　陈文旭　郑　伟
郑艳霞

图书在版编目（CIP）数据

思想政治：基础模块．哲学与人生 / 教育部组织编写．-- 北京：高等教育出版社，2023.8（2025.8重印）
ISBN 978-7-04-060909-7
Ⅰ．①思… Ⅱ．①教… Ⅲ．①政治课-中等专业学校-教材 Ⅳ．①G634.201
中国国家版本馆CIP数据核字(2023)第130957号

思想政治　基础模块　哲学与人生

教育部组织编写

责任编辑　杨　鸣
封面设计　赵　阳
责任绘图　李沛蓉
版式设计　张　志
责任校对　刘娟娟
责任印制　张益豪

出版发行　高等教育出版社
社　　址　北京市西城区德外大街4号
邮政编码　100120
印　　刷　北京中科印刷有限公司
开　　本　880 mm × 1240 mm　1/16
印　　张　7.25
字　　数　140千字
购书热线　010-58581118
咨询电话　400-810-0598
网　　址　http://www.hep.edu.cn
　　　　　http://www.hep.com.cn
版　　次　2023年8月第1版
印　　次　2025年8月第7次印刷
定　　价　10.15元

物料号　60909-A0

目 录

第一单元

立足客观实际 树立人生理想

人要生活得有意义、有价值，就需要对世界和生活本身进行思考。世界的本原是什么？人类从何而来？我们应该如何看世界？这些思考会触及这样或那样的具有哲学性质的问题。马克思主义哲学是时代精神的精华，是科学的世界观和方法论，是人类美好生活的向导。学习马克思主义哲学，可以帮助我们树立正确的世界观、人生观和价值观，指导我们确立远大的人生理想。

第1课
时代精神的精华

马克思指出，哲学是“文化的活的灵魂”。我们认识世界、改造世界，走好人生路，都需要哲学智慧。什么是哲学？马克思主义哲学具有哪些基本特征？学好马克思主义哲学有什么重要作用？学习本课，我们将敲开哲学的大门，认识掌握马克思主义哲学的重要意义，这有助于我们作出正确的人生选择，创造出彩人生。

一、哲学的智慧

1. 哲学的起源

阅读与思考

道生一，一生二，二生三，三生万物。 ——老子

吾十有五而志于学，三十而立，四十而不惑，五十而知天命，六十而耳顺，七十而从心所欲，不逾矩。 ——孔子

有两样东西，我们愈经常愈持久地加以思索，它们就愈使心灵充满日新又新、有加无已的景仰和敬畏：在我之上的星空和居我心中的道德法则。 ——康德

人的本质并不是单个人所固有的抽象物，在其现实性上，它是一切社会关系的总和。 ——马克思

- 说说在上述材料中，这些伟大思想家对世界和人生有哪些思考。

在现实生活中，人们会自觉或不自觉地思考人自身以及人与世界的相互关系问题。从某种意义上讲，这些思考都具有哲学的性质。哲学与我们的生活、与我们置身其中的自然和社会密切相关，总是直接或间接

地影响着我们的学习、工作和生活。人生处处有哲学。

哲学是热爱智慧、追求智慧的学问，是一门从总体上把握世界本质以及人与世界关系的学问。

相关链接

古希腊文“哲学”一词由“爱”和“智慧”组成，本义是爱智慧或追求智慧。在古汉语中，“哲”具有“智慧”“贤明”“通晓事理”等含义。

哲学起源于人们在社会实践中对各种根本问题的追问和思考。哲学智慧不是从人的头脑中凭空产生的，而是在人们认识世界和改造世界的实践活动中形成的。哲学不是一成不变的，而是会随着时代和社会实践的发展而不断变化发展。“任何真正的哲学都是自己时代的精神上的精华”。

> 哲学家并不像蘑菇那样是从地里冒出来的，他们是自己的时代、自己的人民的产物，人民的最美好、最珍贵、最隐蔽的精髓都汇集在哲学思想里。
>
> ——马克思

2. 哲学是世界观和方法论的统一

阅读与思考

在神话中，人类一般按照自己的方式来想象世界的形成和万物的由来。

常识是人类世世代代经验的产物，它一般是自发的、零散的和非理论性的。

艺术通过具体生动的形象来反映人与世界之间的丰富关系。

科学是人类运用理论思维实证地把握世界的一种基本方式。

河北涉县娲皇宫是中国神话传说女娲抟土造人、炼石补天之地

● 哲学也是人类把握世界的一种方式，查阅相关资料，了解哲学如何把握世界。

哲学是关于世界观的理论体系。人们对整个世界的总的看法和根本观点就是世界观。人们在日常生活和社会实践中所形成的世界观通常是不自觉的、零散的，缺乏理论性和系统性。哲学则把人们自发形成的世界观，以理论的形式加以抽象和概括。

哲学是系统化的方法论。运用世界观去认识世界和改造世界，就是方法论。马克思主义哲学引导人们运用正确方法深刻理解人与世界的关系，帮助人们在改造世界的过程中，既遵循客观规律又实现自身目的。

哲学是世界观和方法论的统一。哲学既是世界观，也是方法论。一般来说，世界观决定方法论，方法论体现世界观。不存在脱离世界观的方法论，也不存在脱离方法论的世界观。

哲学是对自然、社会和思维知识的概括和总结。哲学从不断发展的具体科学中概括出最一般的结论，离开具体科学知识，哲学就会干涸和枯萎。哲学为具体科学研究提供世界观和方法论的指导，具体科学的研究活动都是自觉或不自觉地在一定世界观和方法论的指导下进行的。

> 哲学的考察，是就一切事物达到某统一的见地，由其见地观察诸般事物的本性及原则者。
>
> ——李大钊

相关链接

人类在实践中形成了各种各样的具体科学知识，这些知识主要包括三类：一类是认识和改造自然的自然科学知识，一类是认识和改造社会的社会科学知识，还有一类是关于人的认识和思维的思维科学知识。具体科学揭示的是自然、社会和思维某一具体领域的规律，哲学对具体科学进行概括和升华，从中抽象出最一般的本质和最普遍的规律。

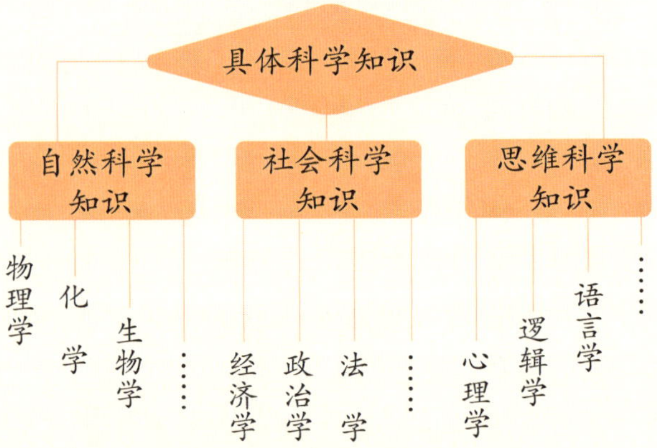

具体科学知识分类

启思导行

中国古代有很多成语故事，如“田忌赛马”“围魏救赵”“塞翁失马”“刻舟求剑”“揠苗助长”“画龙点睛”等，这些故事包含着从生活中总结出来的哲学道理，给我们以人生启迪。

- 从上面的成语故事中任选一个，讲讲其中蕴含的哲学道理和对你的启发。

二、马克思主义哲学指引人生路

1. 马克思主义哲学的使命和特征

阅读与思考

1883 年 3 月 17 日，恩格斯在马克思墓前的讲话中指出：“他毕生的真正使命，就是以这种或那种方式参加推翻资本主义社会及其所建立的国家设施的事业，参加现代无产阶级的解放事业，正是他第一次使现代无产阶级意识到自身的地位和需要，意识到自身解放的条件。斗争是他的生命要素。很少有人像他那样满腔热情、坚韧不拔和卓有成效地进行斗争。”

工作中的马克思和恩格斯

1999 年，英国剑桥大学文理学院发起了“谁是人类纪元第二个千年第一思想家”的推选活动，投票结果是：马克思第一，爱因斯坦第二。

2018 年 5 月 4 日，习近平在纪念马克思诞辰 200 周年大会上的讲话中指出：“马克思给我们留下的最有价值、最具影响力的精神财富，就是以他名字命名的科学理论——马克思主义。这一理论犹如壮丽的日出，照亮了人类探索历史规律和寻求自身解放的道路。”

- 你了解马克思的哪些事迹？
- 为什么马克思受到这么高的评价？

人类的哲学思想源远流长，马克思主义哲学是人类哲学思想发展史上的光辉篇章和集大成者。马克思主义哲学是马克思、恩格斯在 19 世纪创立并为后继者们所不断发展的哲学体系，它批判地继承了人类哲学史上的积极成果，实现了哲学的革命，为无产阶级和广大劳动群众争取自由解放的斗争提供了科学的世界观和方法论。

> 马克思主义哲学深刻揭示了客观世界特别是人类社会发展一般规律，在当今时代依然有着强大生命力，依然是指导我们共产党人前进的强大思想武器。
>
> ——习近平

相关链接

历史上的各种哲学学说，都是以一定的经济、政治和科学文化条件为前提的，都是为表达和满足一定的社会需要而产生的。马克思主义哲学同样是特定时代的产物，有其深厚的社会基础和理论渊源。其中，马克思主义哲学的直接理论来源是德国古典哲学，它批判地吸收了黑格尔的辩证法思想和费尔巴哈的唯物主义思想。

马克思主义哲学即辩证唯物主义和历史唯物主义，是一个逻辑严密的有机整体，其理论内容包括世界物质统一性原理、事物矛盾运动的规律、实践与认识的辩证关系、人类社会发展的规律等。

马克思主义哲学创造性揭示了人类社会的发展规律，科学预见和指明了人类社会的前进方向，提出了社会发展的理想目标。马克思主义哲学以实现人的自由而全面的发展和全人类解放为历史使命，反映出人类对理想社会的美好憧憬和追求。自从有了马克思主义哲学，以无产阶级为代表的劳动群众就有了自己的思想武器，哲学的发展也进入了一个崭新的阶段。

马克思主义哲学具有科学性、人民性、实践性和与时俱进的品质。

科学性　马克思主义哲学是一个科学的理论体系，正确地反映了世界的本质和规律。

人民性　马克思主义哲学第一次站在人民的立场探求人类解放的道路，为最终建立一个没有压迫、没有剥削、人人平等、人人自由的理想社会指明了方向。

实践性　实践观点是马克思主义哲学首要的和基本的观点。马克思主义哲学从实践出发理解人与自然的关系，理解人类社会的存在和发展，直接服务于无产阶级和人民群众改造世界的实践活动。

与时俱进　一部马克思主义哲学发展史就是马克思、恩格斯以及他们的后继者们不断根据时代、实践、认识发展而发展的历史，是不断吸收人类历史上一切优秀思想文化成果丰富自己的历史。

马克思主义是不断发展的开放的理论，始终站在时代前沿。马克思一再告诫人们，马克思主义理论不是教条，而是行动指南，必须随着实践的变化而发展。

——习近平

2. 学好用好马克思主义哲学

阅读与思考

钱学森在1957年发表的《技术科学中的方法论问题》一文中写道："在技术科学的研究中，我们把理论和实际要灵活地结合，不能刻板行事。我想这个灵活地结合理论与实际也就是辩证唯物主义的真髓了。因此，我以为世界上第一流的技术科学家们都是自发的辩证唯物论者，他们的研究方法是值得总结的。而有了辩证唯物论我们也可以把它用到技术科学的研究上去，提高研究的效率，少走弯路！"在给一位朋友的信中，他又写道："我近30年来，一直在学习马克思主义哲学，并总是试图用马克思主义哲学指导我的工作。马克思主义哲学是智慧的源泉！"

- 结合专业学习，谈谈你对上述材料的理解。

马克思主义哲学是科学的世界观和方法论，对中国特色社会主义建设和我们成长成才都具有重要指导作用。学习马克思主义哲学，可以为我们成长成才指明正确方向、提供思想滋养；可以帮助我们树立正确的世界观、人生观和价值观，正确看待自然、社会和人生的变化与发展；可以帮助我们形成科学的思维方法，提高分析问题和解决问题的能力，更好地认识世界和改造世界，走好人生路。

在全面建设社会主义现代化国家新征程中，我们要不断接受马克思主义哲学智慧的滋养，更加自觉地坚持和运用辩证唯物主义和历史唯物主义。

> 中国共产党为什么能，中国特色社会主义为什么好，归根到底是马克思主义行，是中国化时代化的马克思主义行。
>
> ——习近平

相关链接

习近平新时代中国特色社会主义思想是当代中国马克思主义、21世纪马克思主义。党的二十大报告指出，不断谱写马克思主义中国化时代化新篇章，是当代中国共产党人的庄严历史责任。继续推进实践基础上的理论创新，首先要把握好习近平新时代中国特色社会主义思想的世界观和方法论，坚持好、运用好贯穿其中的立场观点方法：必须坚持人民至上，必须坚持自信自立，必须坚持守正创新，必须坚持问题导向，必须坚持系统观念，必须坚持胸怀天下。

学好用好马克思主义哲学，我们需要做到以下几个方面。

勤下功夫，真学。一个人的哲学素养不是天生的，而是通过后天学习获得的。学习马克思主义哲学，首先要认真读书，包括认真研读马克思主义经典哲学著作；同时，还要勤于实践，在社会大课堂中获取真知。

融会贯通，真懂。学习马克思主义哲学，要准确，不能望文生义、强加其义；要全面，不能断章取义、以偏概全；要深入，不能浮于表面、流于形式。

坚定理想，真信。马克思主义哲学是我们树立理想信念的理论支撑和真理基础。如果不相信它的科学性，就无法坚定共产主义远大理想。学习马克思主义哲学，要坚定对它所揭示的人类社会发展规律和必然趋势的信念和信心。

联系实际，真用。学习马克思主义哲学，必须坚持理论联系实际。要紧密联系经济社会发展实际和个人成长实际，自觉运用马克思主义哲学指导人生发展，学好本领、增长才干，努力成为德智体美劳全面发展的社会主义建设者和接班人。

> 不应当把马克思主义的理论当成死的教条。对于马克思主义的理论，要能够精通它、应用它，精通的目的全在于应用。
>
> ——毛泽东

启思导行

近年来，出现了一些以多种形式介绍马克思和马克思主义的理论节目和动漫作品，譬如《马克思是对的》《社会主义“有点潮”》《领风者》等。

- 从上面材料中选取片段内容，用绘画、观后感等方式来展示“我心目中的马克思”。

第2课
树立科学的世界观

在中国古代神话中，盘古用巨斧劈开了混沌的宇宙，创造出一个充满生机的世界；女娲一挥藤条，大地上就布满了人类的踪迹。我们现在所处的世界是由盘古开天辟地而来的吗？人类是由女娲制造出来的吗？自然界和人类社会究竟是怎样产生的？人的意识的本质是什么？学习本课，我们将探究世界的本质，了解世间万物的共同属性，了解唯物主义与唯心主义的对立，学会用科学世界观指导人生发展。

一、世界的物质性

1. 自然界的物质性

阅读与思考

关于世界的本原是什么，很多思想家都进行过思考和探索，提出了很多富有启发性的观点。

我国古代经典《尚书》把水、火、木、金、土这五种物质当作构成万物的基本元素。汉代思想家王充认为“万物之生，俱得一气”，把世界的本原归结为“气”。古希腊时期，泰勒斯认为世界的本原是水，赫拉克利特认为世界是一团永恒的活火。近代法国哲学家霍尔巴赫认为，原子是世界的本原，原子及其属性都是不变的，世界上形形色色的事物和现象都是由原子的结合和分离及其在空间位置的变化造成的。

- 将水、火、气、原子等视为世界的本原，这样的认识有没有道理？
- 你认为天地万物之间有怎样的共同属性？

自然界的事物是多种多样的，如山川河流、花草树木和鸟兽虫鱼等，但从宏观到微观，从无机到有机，整个自然界都是物质的。物质是不依赖于人的意识，并能为人的意识所反映的客观实在。物质的唯一特性是客观实在性。

物质是标志客观实在的哲学范畴，这种客观实在是人通过感觉感知的，它不依赖于我们的感觉而存在，为我们的感觉所复写、摄影、反映。

——列宁

自然界的事物是按照自身规律形成和发展的，都是统一的物质世界的组成部分，不是神或上帝创造的。我们可以通过分析事物各自的具体特性，探究其共同属性和本质特征。

相关链接

地球已有46亿年左右的历史。古生物学家发现，生命在35亿年前就出现了，人类在距今三四百万年前形成。人类文明出现距今不超过1万年，只是地球历史的46万分之一，是地球生命史的35万分之一。如果把迄今为止的地球生命史看作一天的时间，人类文明史在其中还不到1/4秒。在人类产生之前，自然界就已经存在了。

有2亿年历史的腔棘鱼化石

2. 人类社会的物质性

阅读与思考

生物进化论与人类学研究表明，人作为地球上生物有机体的最高形态，是在自然界发展变化的基础上，通过自己特殊的活动形式——劳动而产生的一种生命形式。恩格斯在《劳动在从猿到人转变过程中的作用》中写道，“首先是劳动，然后是语言和劳动一起，成了两个最主要的推动力，在它们的影响下，猿脑就逐渐地过渡到人脑”。劳动使人真正从动物中走了出来，具有了人的本质。

- 如何理解“劳动创造了人”？
- 谈谈你对人与自然界之间关系的认识。

人类社会是物质世界长期发展的产物。人是由自然界的物种——古猿进化而来的。在这一转变过程中，劳动发挥了决定性作用。劳动使人的生理结构发生改变，形成了手脚分工；劳动使人结成了社会关系，进而形成了人类社会。正如恩格斯所指出的，劳动是整个人类生活的第一个基本条件。

整个所谓世界历史不外是人通过人的劳动而诞生的过程，是自然界对人来说的生成过程。

——马克思

人类社会在本质上是物质的。人类社会依赖于自然界，人类社会赖以生存的物质资料归根到底都取之于自然界。人类社会最基本的社会实践活动是生产劳动，生产劳动是一种物质性活动，是人与自然之间的物质变换过程。

相关链接

构成人类社会物质生活条件的基本要素是自然地理环境、人口因素和物质生产方式，这三者都是客观的物质的要素。

自然地理环境为人类提供了社会生活和生产资料的来源，是人类社会存在和发展的永恒的、必要的条件，是人们生活和生产的自然基础。人口因素也是重要的社会物质生活条件，对社会发展起着制约和影响的作用，人口的数量、质量和结构等因素会加速或延缓生产发展和社会进步。物质生产方式，是指人们为获取物质资料而进行的生产活动的方式，它构成了人类社会存在和发展的基础，集中体现着人类社会的物质性。

3. 意识是物质世界长期发展的产物

阅读与思考

蜜蜂建造的蜂巢细致精妙，而人类早期建造的房屋却古朴简陋。从茅草屋到高耸入云的大厦，人类改造世界的能力不断提升，而蜜蜂的蜂巢却始终如一。

蜂巢

茅草屋

高楼大厦

- 与动物相比，人类“高明”在哪里？

> 意识一开始就是社会的产物，而且只要人们存在着，它就仍然是这种产物。
>
> ——恩格斯

从意识起源来看，意识不仅是自然界长期发展的产物，而且是社会历史发展的产物。社会实践，特别是劳动，在意识的产生和发展中起着决定性的作用。一方面，劳动为意识的产生和发展提供了客观需要和可能；另一方面，在人们的劳动和交往中形成的语言促进了意识的发展。

相关链接

意识是自然界长期发展的产物。它的形成和发展经历了三个阶段，即由一切物质所具有的反应特性到低等生物的刺激感应性，再到高等动物的感觉和心理，最终发展为人类的意识。

葵花向阳

猩猩捕食

文字记事

从产生意识的生理基础来看，意识是人脑这种特殊物质的机能。人脑是高度发达的物质系统，是意识活动的物质器官。没有高度发达的人脑，就不可能有人类意识。

相关链接

人脑是中枢神经中最大和最复杂的结构，是调节机体功能的器官，也是意识、精神、语言、学习、记忆和智能等高级神经活动的物质基础。人脑与其他高等动物的大脑有明显区别。现代人的脑重量约为 1 500 克，大致相当于其体重的 1/50；黑猩猩的脑重量不足 500 克，大致相当于其体重的 1/150；大猩猩的脑重量约 540 克，大致相当于其体重的 1/500。

> 观念的东西不外是移入人的头脑并在人的头脑中改造过的物质的东西而已。
>
> ——马克思

从意识的本质来看，意识是客观世界在人脑中的主观映象。意识在内容上是客观的，在形式上是主观的，是客观内容和主观形式的统一。意识是物质的产物，但不是物质本身。

自然界、人类社会是物质的，人的意识是物质的产物。世界是物质的世界，世界的真正统一性在于它的物质性，我们应当自觉坚持物质统一性原理。

> 世界的真正的统一性在于它的物质性，而这种物质性不是由魔术师的三两句话所证明的，而是由哲学和自然科学的长期的和持续的发展所证明的。
>
> ——恩格斯

启思导行

近年来，人工智能的发展深刻影响着当代人类生活。从智能家居、智能交通、智能医疗、智能制造，到教育领域的在线课堂、教育机器人，再到安防领域的智能监控，物流领域的自动分拣、无人配送等，人工智能已涉及整个社会和个人生活的诸多方面。人工智能大大提高了社会生产效率，推动着数字经济的不断发展，也方便了人们的生活。同时，人工智能的迅猛发展，也引发了人们的许多思考。

- 查阅相关资料，思考人工智能能否具有人类意识；组织一次讨论活动，与同学分享自己的观点。

二、用科学世界观指导人生发展

1. 坚持唯物主义，反对唯心主义

阅读与思考

> 天地合而万物生，阴阳接而变化起。
>
> ——荀子

> 存在就是被感知。
>
> ——贝克莱

- 你如何看待上述两种不同观点？

物质和意识到底谁为世界本原，即物质和意识何者是第一性、何者是第二性，对这一问题的不同回答，构成了划分唯物主义和唯心主义的标准。唯物主义认为，物质是本原的，意识是派生的，先有物质后有意识，

物质决定意识；唯心主义认为，意识是本原的，物质依赖于意识，不是物质决定意识，而是意识决定物质。

唯物主义的三种基本形态

- **古代朴素唯物主义**：认为世界是由某一种或几种具体的物质形态构成的，如水、火、土、气等。
- **近代机械唯物主义**：把自然科学中不可再分的、最小的物质结构如原子看作世界的本原。
- **辩证唯物主义和历史唯物主义**：认为世界统一于物质，物质是不依赖于人的意识，并能为人的意识所反映的客观实在。客观实在性是物质的唯一特性。

唯心主义的两种基本形态

- **主观唯心主义**：认为世界是人的主观精神（如人的目的、意志、感觉、经验、心灵等）的产物。
- **客观唯心主义**：把客观精神（如上帝、理念、绝对精神等）看作世界的本原，认为现实的物质世界只是这些客观精神的外化和表现。

唯心主义颠倒了物质和意识的关系，错误地把意识、精神等视为离开自然和社会而独立存在并且创造自然和社会的神秘力量；辩证唯物主义正确地把握了物质和意识的关系，坚持物质决定意识、世界统一于物质，意识对物质具有反作用。我们要认清唯心主义的本质，树立辩证唯物主义的世界观。

相关链接

列宁指出，唯心主义“不是没有根基的，它无疑是一朵无实花，然而却是生长在活生生的、结果实的、真实的、强大的、全能的、客观的、绝对的人类认识这棵活树上的一朵无实花”。唯心主义虽然华而不实，但它的长期存在及其与唯物主义哲学的长期斗争，在客观上推动了哲学的历史发展。

世界物质统一性原理是辩证唯物主义最基本、最核心的观点，是马克思主义哲学的基石。在日常生活和学习中，我们要遵循这一原理，坚持一切从客观实际出发，而不是从主观愿望出发。

2. 坚持无神论，反对封建迷信

阅读与思考

中国历史上有很多著名的无神论者，如东汉著名思想家王充，他认为人们产生鬼的幻觉是由疾病引起的，即由具体的身体原因引起的。人生了病就会忧愁害怕，正是这种忧思愁绪使人产生了幻觉。王充用朴素的唯物主义思想批判了当时占统治地位的、唯心主义的封建迷信思想。

- 查阅相关资料，了解中国历史上还有哪些无神论者，他们的观点是什么。

世界物质统一性原理要求我们，必须坚持无神论，反对封建迷信。无神论认为，世界是物质的，世界上没有神、鬼、天堂、地狱等超自然的力量，其本质是唯物主义的。封建迷信往往利用人们的鬼神观念、宿命观念等错误意识来欺骗群众，损害人们的利益，其本质是唯心主义的。

相关链接

1933 年 4 月，中华苏维埃共和国临时中央政府从叶坪迁到了沙洲坝。毛泽东发现，沙洲坝百姓喝的都是附近泥塘里布满细菌的黄泥水。经过走访调查，他弄清楚了沙洲坝百姓不打水井的原因：一是因为打水井花费大，贫苦群众打不起；二是因为千百年来，当地传说沙洲坝地底下有条“旱龙”，动不得。弄清楚问题的症结后，毛泽东立即亲自指导军民打了水井，破除了封建迷信，让沙洲坝的贫困百姓自此喝上了甘甜的清水。

我们要划清无神论与封建迷信的界限，认真学习现代科学文化知识，提高自己识别各种唯心主义思想和表现的能力，防止封建迷信腐朽思想的侵蚀、渗透。全社会要积极开展科学世界观和无神论宣传教育，营造文明健康、崇尚科学的社会风尚。

启思导行

当今世界，科学文化不断发展，但在日常生活中，仍然存在一些违背科学的活动，甚至出现了电脑算命等新型网络封建迷信活动。

- 结合材料和生活实际，谈谈封建迷信活动有什么危害。你有哪些好办法抵制这些封建迷信活动？

第3课
追求人生理想

马克思在《青年在选择职业时的考虑》中写道："人只有为同时代人的完美、为他们的幸福而工作，自己才能达到完美。"马克思的人生追求给你什么启示？在现实生活中，怎样才能实现自己的人生理想？学习本课，我们将理解客观规律性与主观能动性的辩证统一，掌握一切从实际出发、实事求是的思想路线和工作方法，明确个人理想与社会理想的关系，并努力把人生理想变为现实。

一、坚持客观规律性与主观能动性的辩证统一

1. 规律是客观的

阅读与思考

蝴蝶的生长发育要经过卵、幼虫、蛹和成虫四个阶段。茧是蝴蝶在蛹期的保护壳，只有经历破茧，美丽的蝴蝶才能展翅飞翔，而破茧成蝶的过程是非常艰难的。有一只蝴蝶，一次次想要冲破茧，却一次次败下阵来。如果此时有人拿剪刀轻轻剪开茧，蝴蝶会轻而易举地出来，可是它的翅膀却会无力地耷拉在身体两侧，怎么也飞不起来。这是因为破茧的过程会促进蝴蝶翅膀的血液循环，使其舒展开来，如此才能使蝴蝶真正飞起来！

破茧成蝶

- 为什么蝴蝶必须自己经过破茧这一关？
- 蝴蝶的生长发育过程说明了什么道理？

物质是运动的。运动是物质的根本属性和存在方式，是宇宙中一切事物、现象的变化和过程。任何事物都处在运动之中，完全静止的事物是不存在的。运动是永恒的、绝对的，而静止是有条件的、相对的。

相关链接

物质运动有多种形式，主要有机械运动、物理运动、化学运动、生物运动、社会运动、思维运动等。

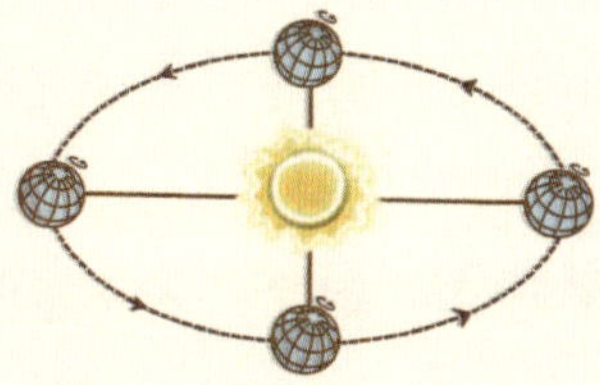
机械运动

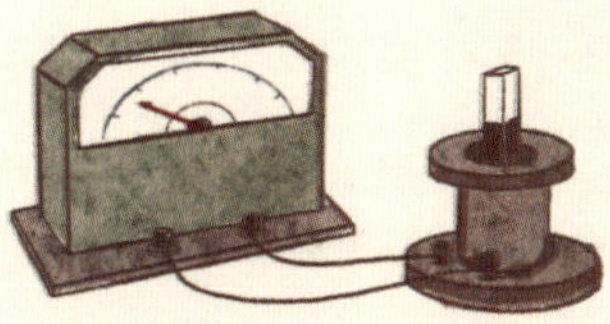
物理运动

化学运动

生物运动

社会运动

思维运动

物质运动具有客观规律性。规律是事物运动过程中所固有的本质的、必然的、稳定的联系。规律是客观的，是不以人的意志为转移的，既不能被创造，也不能被消灭。规律具有普遍性，没有规律的物质运动是不存在的。

> 天地之变，寒暑风雨，水旱螟蝗，率皆有法。
>
> ——沈括

人的存在和发展具有客观规律性。人首先是一种自然的存在，人的生命过程是一种自然现象，会经历生老病死的过程，遵循着新陈代谢等自然规律。同时，人还是一种社会性的存在，受到各种社会因素的影响和制约，必须遵循人类社会历史发展的客观规律。

相关链接

人体内有个无形的“时钟”，称为“生物钟”。在一天24小时之中，人的体温、脉搏、血压、氧耗量、激素的分泌水平等会产生周期性变化。同样，人体在周、月、年等不同的时间单位上也呈现出周期性节律。我们要想拥有健康的身体，就必须遵循生物节律，顺时而动，只有这样，才能有效促进身体新陈代谢，保持充沛的体力和精力。

2. 人具有主观能动性

阅读与思考

青藏铁路格尔木至拉萨段全长 1 142 千米，于 2001 年开工，是世界上海拔最高、穿越冻土里程最长的高原铁路。在青藏高原上筑路，面临着三大难题，即多年冻土、生态脆弱和高寒缺氧。青藏铁路的修建者们克服重重困难，想尽各种办法解决三大难题。如长达 550 千米的多年冻土带，冬季夏季一冻一融间，再坚硬的铁轨也会扭曲变形。科研人员反复研究，设计出了冻土“热棒”的解决办法，将一根根注满液态氮的密封空心钢管插入路基所在的冻土层传输热量，有效避免了地基塌陷；还创造出了路基通风管、遮阳棚和碎石护坡等一系列行之有效的好方法。一代代建设者不懈努力，极大地改善了西藏地区的交通面貌。

2004 年，工作人员在执行青藏铁路测绘任务

2006 年，青藏铁路建成通车

● 在青藏铁路的修建过程中，人发挥了怎样的作用？

> 思想等等是主观的东西，做或行动是主观见之于客观的东西，都是人类特殊的能动性。这种能动性，我们名之曰“自觉的能动性”。
>
> ——毛泽东

人能够自觉地、有目的地、有计划地作用于客观世界，这就是人的主观能动性，亦称自觉能动性，是人所特有的一种能力。

人的主观能动性表现为人既可以能动地认识世界，把握规律，又可以利用规律，能动地改造世界，以满足自身的需要。

相关链接

鲁班，春秋战国时期鲁国人，是公认的能工巧匠。据说，木工师傅们使用的手工工具如锯子、钻、刨子、曲尺、墨斗等，都是鲁班发明出来的，鲁班由此被奉为中国建筑行业的木匠鼻祖。鲁班的故事是中国古代劳动人民勤劳和智慧的象征，这些劳动工具是经过反复研究找到规律而发明出来的，充分体现了主观能动性的作用。

人的主观能动性还表现为在认识世界和改造世界的过程中所具有的精神状态，如理想、信念、决心、意志、干劲等。

相关链接

长征是人类历史上的伟大壮举，中国共产党人和红军将士用生命和热血铸就了伟大长征精神。习近平指出："长征的胜利，是中国共产党人理想的胜利，是中国共产党人信念的胜利……在风雨如磐的长征路上，崇高的理想，坚定的信念，激励和指引着红军一路向前。在红一方面军二万五千里的征途上，平均每 300 米就有一名红军牺牲。长征这条红飘带，是无数红军的鲜血染成的。艰难可以摧残人的肉体，死亡可以夺走人的生命，但没有任何力量能够动摇中国共产党人的理想信念。"长征精神是长征取得胜利的法宝，在今天走好新时代的长征路中仍然发挥着重要的激励作用，这正是人的主观能动性的体现。

人不是被动的、依靠本能生存的。人与其他生物的不同，在于人可以正确发挥主观能动性，积极主动地创造美好人生。个人的成长和发展需要不断发挥主观能动性，提高自身能力。

3. 坚持一切从实际出发，实事求是

阅读与思考

1927 年大革命失败后，革命形势转入低潮。中国共产党确定了土地革命和武装反抗国民党反动派的总方针，发动了一系列武装起义。

井冈山革命根据地的纪念雕塑

1927 年 9 月 9 日，秋收起义爆发。起义开始时以攻占大城市为目标，但遭受了重大挫折。毛泽东果断改变计划，决定到敌人统治力量薄弱的农村山区寻找落脚点，率领工农革命军向罗霄山脉中段的井冈山地区进发，并开始创建以宁冈为中心的井冈山革命根据地。从进攻大城市转到向农村进军，这是中国人民革命发展史上具有决定意义的新起点，是将马克思主义基本原理同中国具体实际相结合的正确革命道路。

- 为什么说毛泽东作出向井冈山地区进发的决定是正确的？

在认识世界和改造世界的过程中，要自觉坚持一切从实际出发，实事求是。

相关链接

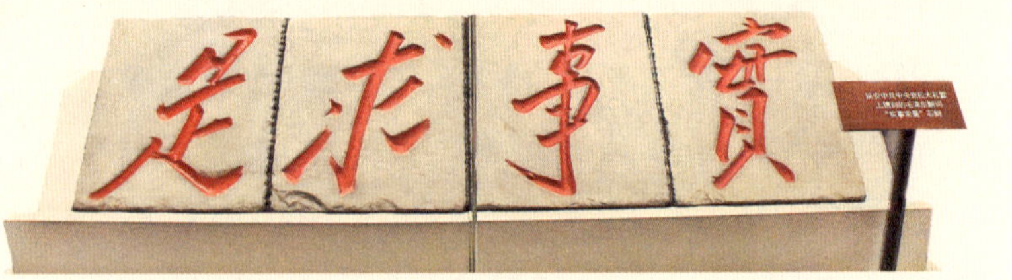

毛泽东于 1943 年为延安中共中央党校大礼堂落成的题词“实事求是”石刻

“实事求是”源于东汉史学家班固撰写的《汉书·河间献王传》，本义是指严谨好学、务求真谛的治学态度。1941年，毛泽东在《改造我们的学习》一文中，对“实事求是”作了马克思主义的全新阐释。他指出：“‘实事’就是客观存在着的一切事物，‘是’就是客观事物的内部联系，即规律性，‘求’就是我们去研究。”

一切从实际出发，实事求是，必须尊重客观规律。我们应当从客观存在的事物出发，经过调查研究，找出事物本身固有的而不是臆造的规律性，作为行动的依据。当我们的主观愿望与实际情况不符合时，应当勇于正视现实、尊重现实，按照实际情况纠正自己不符合实际的想法和做法，使主观符合客观。

一切从实际出发，实事求是，要正确发挥主观能动性。我们要不断解放思想，与时俱进，以求真务实的精神认识和把握事物，用科学的理论武装头脑、指导实践。

一切从实际出发，实事求是，要做到尊重客观规律与正确发挥主观能动性相统一。我们既要反对片面强调客观条件，安于现状、因循守旧、无所作为，又要反对片面夸大意识的能动作用；想问题办事情既要量力而行又要尽力而为，在科学认识客观条件和个人能力的基础上，积极进取并全力以赴。

坚持实事求是，就是坚持一切从实际出发来研究和解决问题，坚持理论联系实际来制定和形成指导实践发展的正确路线方针政策，坚持在实践中检验真理和发展真理。

——习近平

启思导行

以“劳动者的一天”为主题，组织一次社会实践。在老师的指导下，以社会实践小分队的形式，体验不同的职业岗位，感受如何成为一名合格的劳动者。

● 实践活动结束后，互相交流，谈谈每个岗位有什么职责及要求，如何才能把尊重客观规律与正确发挥主观能动性相统一，做好工作，并把自己的心得记录下来。

岗位名称：________

岗位职责和要求：________

我完成该工作的方式：________

我在工作中遇到的问题和困难：________

我解决问题和困难的办法：________

我在工作中需要改进的方面：________

二、努力把人生理想变为现实

1. 正确把握理想与现实的辩证关系

阅读与思考

习近平15岁时就来到陕北当知青，在延川县梁家河大队一干就是7年。知青岁月虽然十分艰苦，却帮助年轻的习近平找到了人生奋斗的方向。在劳动实践之余，青年习近平十分注重理论学习，认识到我们走的社会主义道路是一条必由之路，树立了“要为人民做实事”的人生理想。习近平在梁家河带领村民建沼气池、打井、办铁业社、打坝地、办代销店、种烤烟、办缝纫社等，实打实地为老百姓做实事做好事。习近平后来回忆说：“15岁来到黄土地时，我迷惘、彷徨；22岁离开黄土地时，我已经有着坚定的人生目标，充满自信。”

习近平当年带领梁家河村民建造的陕西省第一口沼气池

● 青年习近平树立并践行“要为人民做实事”的人生理想，这对你有什么启示？

理想是人们对美好未来的向往和追求，是激励人们奋发向上、不断进取的强大精神动力。理想是人的主观能动性的一种表现，一经确立就会对人的行动产生巨大的影响，提供前进动力，指引人生方向。

> 广大青年一定要坚定理想信念。“功崇惟志，业广惟勤。”理想指引人生方向，信念决定事业成败。没有理想信念，就会导致精神上“缺钙”。
>
> ——习近平

理想源于现实又高于现实。理想是在社会实践活动的基础上所产生的认识，不可能脱离客观条件；理想离开了现实就会成为无源之水、无本之木。但理想不等于现实，理想之所以能够成为一种推动人们创造美好生活的巨大力量，就在于它可以超越现实。理想是现实发展的方向，是比现实更高远、更美好的目标。

相关链接

理想与现实是对立统一的，要避免走入理想与现实关系上的两种误区。一种误区是用理想来否定现实，当现实情况不符合自己的理想状态时，就会对现实大失所望，甚至全盘否定；另一种误区是用现实来否定理想，在追求理想的过程中，一遇到困难就产生畏难情绪，觉得理想是遥不可及的，丧失奋斗的动力，甚至一味消沉颓废下去。这两种误区都是需要避免的。

实现理想要脚踏实地。只有把远大的理想寓于具体的行动中，从小事做起，从身边的事做起，才能一步一个脚印地实现人生理想。如果空谈理想、眼高手低、浅尝辄止，最终只能一事无成。青少年时期是人生最好的学习阶段，我们要勤奋学习、刻苦钻研，掌握过硬本领，为实现人生理想打下坚实的基础。

相关链接

罗昭强是中国中车公司首席技能专家。10多年前，他还是一名刚刚崭露头角的维修电工，但他作出了一个大胆的决定：改行去当高铁调试工。动车组调试处于高铁制造的核心地位，要能找出并医好高铁车辆存在的所有显性和隐性疾患，让车辆以最佳状态运营，这意味着必须通晓高速动车组涉及的各种技术。为实现这一目标，罗昭强对49道调试工序，一道道研究、一点点学习，仅用了半年多时间，就成功转型为高铁调试工，并后来居上成为业界首屈一指的“高铁医生”。2016年，凭借高超的技能水平和创新能力，罗昭强摘得有“工人院士”之称的“中华技能大奖”；2020年，罗昭强光荣当选为“全国劳动模范”。

2. 正确把握个人理想与社会理想的关系

阅读与思考

“孩儿立志出乡关，学不成名誓不还。埋骨何须桑梓地，人生无处不青山。”这是17岁的毛泽东外出求学前，留给父亲的一首改写诗。古往今来，凡能成大事者，都有着远大的理想信念，毛泽东也是如此。

毛泽东学习和工作过的湖南省立第一师范学校

毛泽东出生于中国内忧外患的年代，他很早就有了救国救民的意识。1911年10月10日，武昌起义爆发，湖南也兴起响应武昌起义的热潮。时刻关心时局的毛泽东兴奋地投笔从戎，参加了长沙的革命军。1913年，毛泽东考入湖南省立第四师范学校（次年并入第一师范学校），他救国救民的思想进一步迸发，以“天下兴亡，匹夫有责”为训并与同学们共勉。青年毛泽东的身上，深刻体现着对国家和民族出路的热切关注、深入思考和使命担当。

- 青年毛泽东是如何将个人理想与社会理想相结合的？

个人理想是指个体对于自己未来生活的向往和期待。社会理想是指社会全体成员所具有的共同理想和追求。

个人理想以社会理想为指引。每个人一生下来就置身于一定的社会关系中，个人理想的追求和实现归根结底是在社会实践中进行的。因此，个人理想应当在目标方向上与社会理想相一致，与社会理想同向同行。

社会理想是个人理想的凝练和升华。社会是个人的联合体，社会理想归根到底要靠社会全体成员的共同努力来实现。今天，我们的社会理想是在中国共产党的领导下坚持和发展中国特色社会主义，实现中华民族伟大复兴，这是全体中国人民现阶段的共同理想；实现共产主义是我们的远大理想。

> 自觉做共产主义远大理想和中国特色社会主义共同理想的坚定信仰者和忠实实践者。
>
> ——习近平

相关链接

鲁迅的父亲37岁因病早逝，15岁的鲁迅萌生了要学习医学的愿望。面对国家的内忧外患，鲁迅还有了“战争时便去当军医”的梦想。后来，鲁迅在日本仙台医专学习时，看到了时事影片中一些国人的麻木态度，思想大受触动。他认为：“所以我们的第一要著，是在改变他们的精神，而善于改变精神的是，我那时以为当然要推文艺，于是想提倡文艺运动了。”由此，鲁迅便弃医从文，立志用手中的笔唤醒民众。无论是学医，还是投身文学，鲁迅树立的个人理想都离不开当时的社会背景，并始终以社会理想为导向。

青年时期的鲁迅

> 当代中国青年要在感悟时代、紧跟时代中珍惜韶华，自觉按照党和人民的要求锤炼自己、提高自己，做到志存高远、德才并重、情理兼修、勇于开拓，在火热的青春中放飞人生梦想，在拼搏的青春中成就事业华章。
>
> ——习近平

“得其大者可以兼其小”，只有自觉地把个人理想融入社会理想，把小我融入大我，把人生追求与社会进步相结合，才能更好地实现人生理想。广大青年应当在社会理想的指引下，奋发有为，勇于追求个人理想，更要在实现个人理想的过程中，为实现社会理想贡献力量。

启思导行

选取身边人如老师、父母等，结合他们的职业及承担的社会责任开展一次访谈活动。听取并分析他们关于个人理想和社会理想的看法，以及他们是如何将小我融入大我的，并与同学们分享自己的心得。

采访对象：________________

采访时间：________________

采访内容：________________

个人心得：________________

内容概览

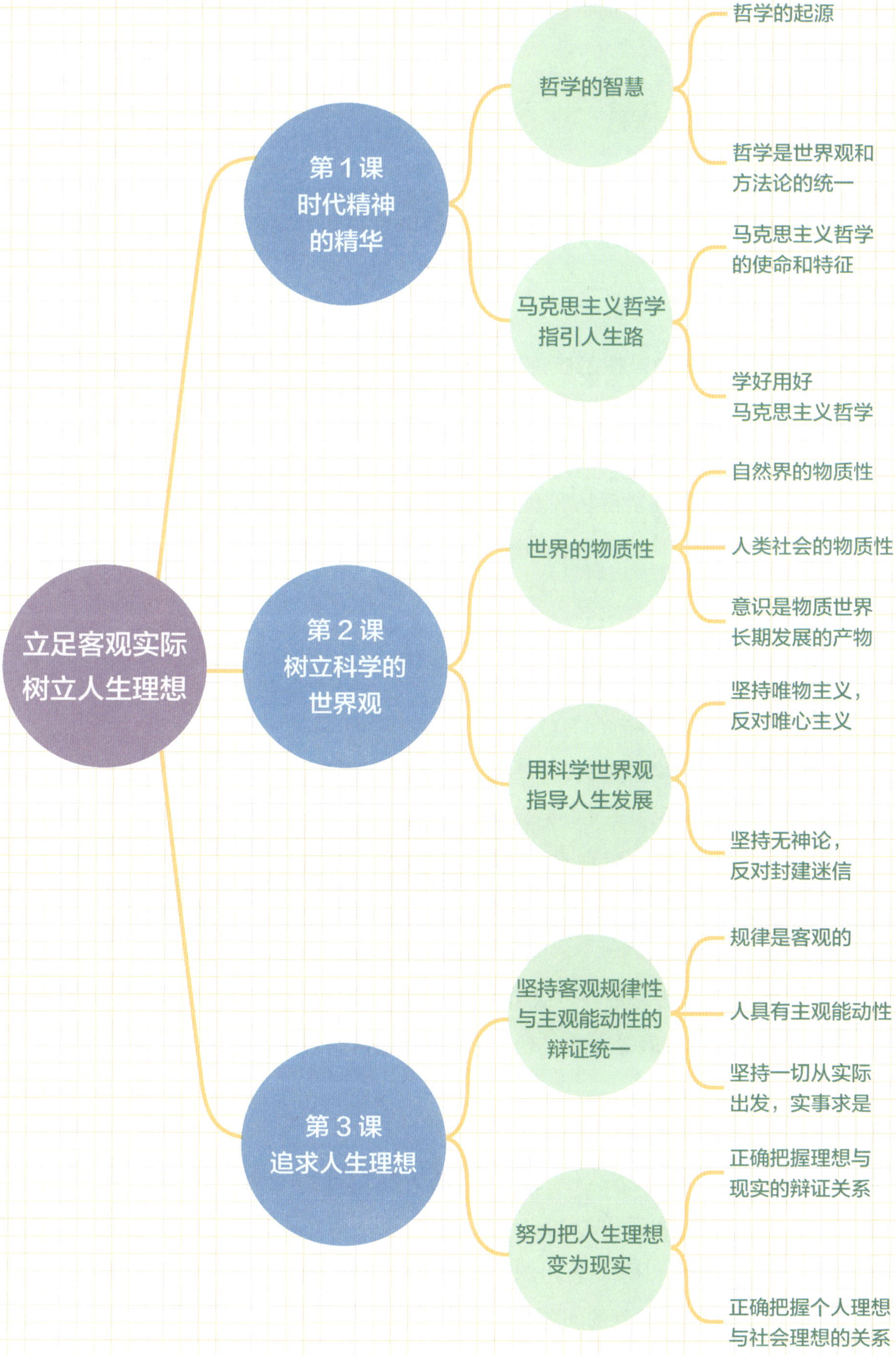
立足客观实际
树立人生理想
第1课
时代精神的精华
哲学的智慧
哲学的起源
哲学是世界观和方法论的统一
马克思主义哲学指引人生路
马克思主义哲学的使命和特征
学好用好马克思主义哲学
第2课
树立科学的世界观
世界的物质性
自然界的物质性
人类社会的物质性
意识是物质世界长期发展的产物
用科学世界观指导人生发展
坚持唯物主义，反对唯心主义
坚持无神论，反对封建迷信
第3课
追求人生理想
坚持客观规律性与主观能动性的辩证统一
规律是客观的
人具有主观能动性
坚持一切从实际出发，实事求是
努力把人生理想变为现实
正确把握理想与现实的辩证关系
正确把握个人理想与社会理想的关系

学以致用

实事求是开拓进取　圆梦未来始于足下

▶活动目标

1. 了解马克思主义哲学是科学的世界观和方法论，理解客观规律性和主观能动性的辩证关系，懂得一切从实际出发、实事求是的思想路线和工作方法。

2. 坚持对中国特色社会主义道路的认同，坚定理想信念，树立远大理想，发扬实事求是、开拓进取的精神，自信自立自强，崇尚科学，反对迷信。

3. 能够始终坚持从客观实际出发，科学规划和处理人生发展和职业选择等问题，作出与时代同频共振的合理职业生涯规划，脚踏实地，积极作为。

▶活动任务与建议

任务一：以“为什么说马克思主义哲学是我们的看家本领”为议题，探讨学好用好马克思主义哲学的意义

1. 观影有感。可观看纪念马克思诞辰 200 周年电视纪录片《不朽的马克思》，联系课堂所学写一篇观后感，谈谈你对马克思和马克思主义哲学的初步认识。

2. 故事启智。可在班级组织哲理故事分享会。搜集中外哲理故事，以情景剧、讲故事等方式呈现出来，共同探讨哲理故事带给我们的生活启示。

任务二：以“选择职业为什么既要从实际出发又要追求远大理想”为议题，探讨物质和意识的辩证关系

1. 讨论解“困”。可组织一场讨论会，探讨新时代青年在追求人生理想道路上可能遇到的问题和困难，共谋解决之道。为了确保问题聚焦、方法实用，可围绕可能遇到的具体问题和困难情境等，邀请老师、家长、同学、朋友等帮助化解。

2. 海报绘“梦”。职业理想的实现需要从客观实际出发，作出科学规划。班级可组织一场职业生涯设计科学性的评议会，评选出“优秀职业生涯设计书”。

任务三：以“想问题办事情为什么既要量力而行又要尽力而为”为议题，探讨尊重客观规律与发挥主观能动性的辩证关系

1. 演讲赋“能”。可从“幸福是奋斗出来的”“奋斗当下，圆梦2050”“跟党走，追梦去”中任选一个作为主题，举办一次演讲比赛，展现中国共产党百年奋斗的重大成就，展现新时代青年勇于奋斗、自信自立自强的精神面貌，激励自己在前行路上不怕困难、勇敢追梦。

2. 实践展“能”。可进行一次实践体验。为自己设定一个有一定难度，但通过采用科学方法能够实现的周目标或者月目标。通过制订计划、每日打卡、互相监督等方式鼓励自己坚持行动，完成设定目标，并以“我为什么既要量力而行又要尽力而为”为主题，通过班会等形式分享实践收获。

任务四：以“为什么坚持无神论”为议题，探讨如何引导学生树立正确的世界观、人生观和价值观，相信科学、学习科学、传播科学，抵制封建迷信的影响

1. 导图立观。可开展“我的世界观”成果分享会。结合课堂所学进行“我的世界观”思维导图设计。设计要求：条理明晰，富有创意，能够体现辩证唯物主义的基本观点、唯物主义和唯心主义的根本对立、新时代青年树立科学世界观的应有作为。作品完成后，通过主题班会、网络分享等形式展示成果，深化对树立科学世界观的认知。

2. 公益助行。可组织一次以“抵制封建迷信”为内容的公益宣传活动，采用海报、板报、短视频、文章、情景剧等形式，揭露当下社会生活中存在的封建迷信思想与活动，传播现代科学文化知识，开展科学世界观和无神论宣传教育，营造文明健康的社会风尚。

▶活动评价

评价内容	评价人员	评价方式	评价维度						总结反思
			语言表达	问题分析	事件处理	成果呈现	个人状态	团队合作	

说明：

- 评价人员：本人、同学、家长、教师等。
- 评价方式：采用赋分评价、评语结论评价等。
- 评价维度：语言表达是否清晰准确，问题分析是否全面准确，事件处理是否恰当，成果呈现是否完整，个人状态是否积极，团队合作是否有效。
- 总结反思：从成效、改进措施等方面进行。

第二单元 辩证看问题 走好人生路

世界是普遍联系和永恒发展的，矛盾是事物发展的源泉和动力。如何用联系、发展、全面、系统的观点看问题，防止用孤立、静止、片面、零散的观点看问题？如何用矛盾分析方法正确看待和处理问题？探讨和回答这些问题，可以帮助我们正确理解和处理人生发展过程中的各种关系，积极面对人生道路上的顺境与逆境，正确对待各种矛盾，走好人生路。

第4课 用联系的观点看问题

“头痛医头，脚痛医脚”，指看病时只医治疼痛的部位，不追究病根的现象。实际上，人体是一个不可分割的整体，各个部分出现的变化都与整体功能相关，诊疗时不能片面地、孤立地看待患者的某些局部症状，只有把身体看作一个有机联系的整体，才能找到正确的治疗方法。什么是联系？如何正确处理整体与部分的关系？学习本课，我们将学会用联系的观点看问题，认识到人生发展与自然、社会和他人息息相关，学会在和谐共处中实现人生发展。

一、世界是普遍联系的

1. 联系的普遍性、客观性

阅读与思考

牵一发而动全身。

鱼儿离不开水，瓜儿离不开秧。

城门失火，殃及池鱼。

一着不慎，满盘皆输。

- 上述俗语或成语体现了什么哲学道理？
- 你还能说出哪些类似的语句？

城门失火，殃及池鱼

世界上没有孤立存在的事物，任何事物都与周围其他事物有着这样或那样的联系。联系是指事物之间以及事物内部诸要素之间相互影响、相互制约和相互作用的关系。

联系具有普遍性。从无机界到有机界，从自然界到人类社会和人的思维，所有事物都同其他事物处于一定的联系之中。事物内部的各个部分和要素之间也是相互联系的。整个世界就是一个无限复杂的相互联系的整体，每一个事物都是这个相互联系的整体中的一部分或一个环节。联系的普遍性要求我们把整个世界看作相互联系的统一整体，反对孤立地、片面地看问题。

> 当我们深思熟虑地考察自然界或人类历史或我们自己的精神活动的时候，首先呈现在我们眼前的，是一幅由种种联系和相互作用无穷无尽地交织起来的画面。
>
> ——恩格斯

相关链接

自然界中处处存在着联系。英国生物学家达尔文曾描述过一个有趣的现象：在乡村，居民养猫多的地方，牛一般也比较多。牛和猫有什么关系呢？达尔文观察发现，牛主要以优质的红三叶草为饲料，红三叶草通过丸花蜂授粉繁殖，而田鼠吃丸花蜂的蜂房和蜂幼虫，所以田鼠多了，丸花蜂就少了；但猫吃田鼠，猫多了，田鼠就少了，丸花蜂就多了，红三叶草就生长茂盛，牛食物充足，牛群茁壮。这里存在一条食物链：红三叶草→丸花蜂→田鼠→猫。生活在一定自然区域的各种生物之间，通过捕食与被捕食的营养联系形成食物链和食物网，食物链和食物网中的各种生物之间存在着相互依赖、相互制约的关系。

联系具有客观性。联系是事物本身所固有的，不以人的意志为转移。联系的客观性要求我们从事物本身固有的联系出发去认识事物，不能主观臆造并不存在的联系。

相关链接

联系是客观的，并不意味着人面对事物的联系无能为力。人们可以根据事物固有的联系，改变事物的状态，调整原有的联系，建立新的联系。

港珠澳大桥

20世纪80年代初，香港、澳门与内地之间的陆地运输通道虽然不断完善，但香港与珠江三角洲西岸地区的交通联系因伶仃洋的阻隔而受到限制。2009年12月15日，港珠澳大桥动工建设，并于2018年10月24日正式通车。这座全长约55千米的大桥跨越伶仃洋，东接香港特别行政区，西接广东省珠海市和澳门特别行政区。通车后，珠海、澳门同香港间的车程由3小时缩短至半小时，形成粤港澳大湾区“半小时生活圈”。

港珠澳大桥加强了香港、澳门与珠江三角洲地区的联系，有利于区域之间的交流和经贸往来，有利于促进粤港澳大湾区发展，对于全面推进香港、澳门与内地的互利合作具有重大意义。

2. 联系的多样性、条件性

阅读与思考

每个人从出生开始，就同周围的人和环境发生着各种各样的联系，从而建立起不同的关系：在家庭中，与亲人形成亲属关系；在学校中，相互结成师生关系和同学关系；步入社会，与同事结成工作关系；在市场上消费，与销售者结成经济关系……

- 想一想你在生活中都有哪些社会关系。
- 分析这些关系对你有什么影响。

联系具有多样性。事物的联系是多种多样的，有直接联系和间接联系、内部联系和外部联系、本质联系和非本质联系、必然联系和偶然联系等。联系的多样性要求我们善于把握事物复杂多样的联系，针对不同的联系，采取不同的方法，从而更好地指导实践。

相关链接

浙江省丽水市青田县农民在稻田里捞鱼

稻渔种养是一种综合种养技术。这种技术利用稻田空间和田中的天然饵料，通过稻虾、稻鱼、稻鳖、稻蛙、稻鳅和稻蟹等种养模式，实现了“一水两用、一田双收、稳粮增收、粮渔双赢”的良好效益。随着稻渔种养规模的不断扩大，一些地区的产业链进一步拉长，由纯种养基地向鱼虾加工与贸易、冷链物流、餐饮消费全产业链发展，形成“接二连三”的业态叠加，有力推进了农业产业链整合和价值链提升。2005 年，具有 1 200 多年历史的“浙江青田稻鱼共生系统”，被联合国粮农组织列为世界上首批全球重要农业文化遗产保护试点。

联系具有条件性。任何具体的联系都依赖一定的条件，随着条件的改变，事物之间及事物内部各要素之间联系的性质和方式也会发生变化。联系的条件性要求我们一切以时间、地点和条件为转移，正确分析和把握事物存在和发展的各种条件。

启思导行

塑料垃圾危害极大。塑料进入海洋，能够存在数百年时间，持续危害海洋生态系统。塑料进入土壤，会使土壤环境恶化，严重影响农作物的生长。经过太阳照射，某些种类的塑料中的毒物还会排入大气层，使臭氧层变薄。对塑料垃圾处理不当还会造成严重的二次污染。

被塑料垃圾污染的水域

被塑料袋缠住的海龟

- 塑料垃圾是怎样破坏人类生存环境的？
- 搜集资料，运用联系的观点，讨论如何进一步加强塑料垃圾污染的防治，努力建设美丽家园。

二、在和谐共处中实现人生发展

1. 正确处理整体与部分的关系

阅读与思考

黑格尔说："割下来的手就失去了它的独立的存在，就不像原来长在身体上时那样，它的灵活性、运动、形状、颜色等等都改变了，而且它就腐烂起来了，丧失它的整个存在了，只有作为有机体的一部分，手才能获得它的地位。"

恩格斯说："手并不是单独存在的。它只是整个具有极其复杂的结构的机体的一个肢体。"

- 为什么手脱离了人的身体，就不能再发挥手的作用？

> 不谋万世者，不足谋一时；
> 不谋全局者，不足谋一域。
>
> ——陈澹然

用联系的观点看问题，要求我们正确认识和处理整体与部分的辩证关系。整体与部分相互联系，密不可分。整体是事物的全局或发展的全过程，部分是事物的局部或发展的各个阶段。整体制约着部分，没有整体便没有部分；整体的功能、状态及其变化会影响部分。整体是由部分构成的，没有部分便没有整体；部分的功能及其变化会影响整体的功能，关键部分的功能及其变化甚至对整体的功能起决定作用。

整体与部分的关系，在一定意义上就是系统与要素的关系。世界上的事物是作为系统或者系统中的要素而存在的。系统是由相互联系和相互作用的诸要素构成的统一整体。我们在生活和工作中，要注重系统的结构优化，善于把各个部分、各个要素联系起来考察，使整体功能大于部分功能之和。

在认识和处理人生问题时，要运用系统观念，立足整体，统筹全局，避免“只见树木，不见森林”“一叶障目，不见泰山”。同时，要重视部分的作用，懂得“细节决定成败”“一着妙棋，满盘皆活”的道理，善于抓住关键部分。

相关链接

习近平指出，系统观念是具有基础性的思想和工作方法。坚持系统观念要求加强前瞻性思考、全局性谋划、战略性布局、整体性推进。党的十八大以来，以习近平同志为核心的党中央站在时代和全局的高度，坚持系统谋划、统筹推进党和国家各项事业，根据新的实践需要，创造性提出统筹推进“五位一体”总体布局和协调推进“四个全面”战略布局等新布局新方略，带领全党全国各族人民取得了历史性成就。

在全面建设社会主义现代化国家新征程中，坚持系统观念要求我们，要统筹国内国际两个大局，办好发展安全两件大事，坚持全国一盘棋，更好发挥中央、地方和各方面积极性，着力固根基、扬优势、补短板、强弱项，注重防范化解重大风险挑战，实现发展质量、结构、规模、速度、效益、安全相统一。

“五位一体”总体布局

经济建设
政治建设
文化建设
社会建设
生态文明建设

“四个全面”战略布局

全面建设社会主义现代化国家
全面深化改革
全面依法治国
全面从严治党

2. 用联系的观点看待世界和人生

阅读与思考

哈尼梯田美景

“峰峦叠嶂连天漫，玉带飘飘舞丽裳。香稻层层掀碧浪，梯田片片闪金光。”这是对红河哈尼梯田的生动描绘。哈尼梯田已有 1 300 多年的历史，它是以哈尼族为主的各族人民，利用当地“一山分四季，十里不同天”的地理气候条件，创造的人与自然和谐共处的杰作。哈尼梯田被誉为“中国最美的山岭雕刻”，并于 2013 年被列入《世界遗产名录》。

哈尼族人随山势地形变化，根据土壤、气候、森林等自然条件，因地制宜设计建造梯田、灌溉系统和村寨。村寨的上方有茂密的森林提供水源涵养，可满足人畜用水和梯田灌溉；在村寨的下方开垦层层梯田，便于引水灌溉和运送人畜粪便施于田间；梯田沿等高线建造，既减少了动用土方，又防止了水土流失；山腰气候温和、冬暖夏凉，适宜建村寨。森林、水系、梯田和村寨“四素共构”的农业生态系统，展现了人与环境的高度和谐。

- 运用联系的观点，谈谈哈尼梯田的建设给我们什么启示。

要学会用联系的观点正确认识和处理人与自然的关系，实现人与自然和谐共生。人与自然是生命共同体，人类在同自然的互动中生产、生活、发展，人类要尊重自然、顺应自然、保护自然。保护自然就是保护人类，建设生态文明就是造福人类。我们要牢固树立和践行“绿水青山就是金山银山”的理念，建设美丽中国，在绿水青山中共享自然之美、生命之美、生活之美。

要学会用联系的观点正确认识和处理个人与社会的关系，实现人与社会的和谐。社会是由一个个具体的人组成的，离开了个人就没有社会。人是社会的人，离开了社会，个人也无法生活。在人生发展历程中，我们要充分认识到个人与社会的紧密联系，重视社会对个人发展的作用，不能自我封闭、孤芳自赏。

> 青年的人生目标会有不同，职业选择也有差异，但只有把自己的小我融入祖国的大我、人民的大我之中，与时代同步伐、与人民共命运，才能更好实现人生价值、升华人生境界。离开了祖国需要、人民利益，任何孤芳自赏都会陷入越走越窄的狭小天地。
>
> ——习近平

相关链接

提起中国女排，人们总是由衷敬佩。中国女排创造了“五连冠”“十一连胜”等辉煌战绩，女排精神深入人心。在女排的成长历程中，“铁榔头”郎平无论作为队员还是教练，都发挥了重要作用。但郎平认为，“中国女排没有你，没有我，只有我们。”“什么叫团队？赢球是大家的，输球也是大家的，必须能够相互包容，相互担当。”中国女排取得的成绩正是大家同甘共苦、团结战斗的结果。

比赛间隙的指导与交流

要学会用联系的观点正确认识和处理人与自身的关系，促进自我身心和谐。人体是一个有机的整体，身心之间是相互联系、相互影响的。我们要养成良好生活习惯，积极参加体育锻炼，保持身体健康；要培养坚强的意志品质，养成自尊自信、理性平和、积极向上的良好心态，形成健全人格，实现德智体美劳全面发展。

启思导行

一只水桶能够装多少水，取决于它最短的那块木板。木桶要想盛满水，必须每一块木板都一样平齐且没有破损。一个人、一个集体、一个社会同样需要各方面统筹协调，全面发展。

● 结合材料，运用有关哲理，举例说明我国近年来是如何通过补齐短板，努力解决发展不平衡不充分的问题，实现又好又快发展的。

第5课
用发展的观点看问题

东汉末年，江东大将吕蒙英勇善战，屡建战功，但因学识不高，被鲁肃轻视。经孙权教诲，吕蒙发愤读书。后来，吕蒙与鲁肃交谈，他的学识和见解让鲁肃很是惊讶。吕蒙说："士别三日，即更刮目相待。"这个历史故事告诉我们，人是不断变化和发展的，要用发展的观点看问题。发展的实质和事物变化的状态是什么？如何正确对待顺境和逆境？学习本课，我们会懂得要用发展的眼光看待世界，用发展的观点正确处理人生问题，脚踏实地走好人生路。

一、世界是永恒发展的

1. 发展的普遍性

阅读与思考

地球经历了天文演化和地质演化阶段，形成了生命起源和演化的条件。生命的起源和演化又经历了从化学进化到生物学进化的上升过程，最终才产生了人类。从猿到人的进化大体经历了早期猿人、晚期猿人、早期智人、晚期智人四个阶段。

飞向太空，漫步太空，一直是中国人的美好梦想。经过一代代航天人的艰辛探索、砥砺前行，我国已经取得了运载火箭、通信卫星、导航卫星、载人航天、探月工程、空间站等多项里程碑式的进展，成为世界上第三个掌握空间出舱活动技术，从而可以漫步太空的国家。

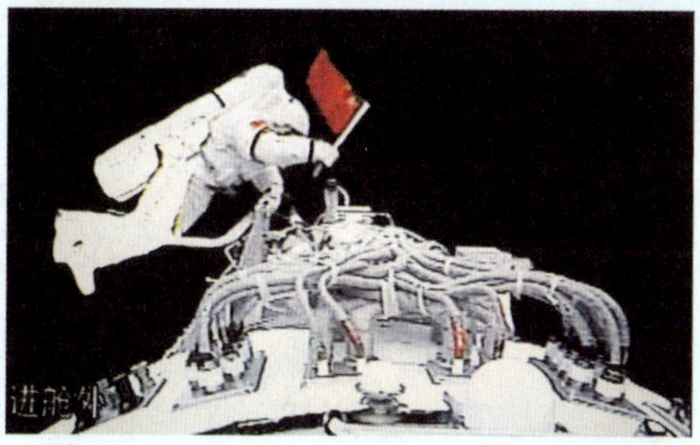

2008年9月27日，航天员翟志刚出舱作业，实现了中国人的第一次太空漫步

2022年11月30日，神舟十四号、十五号两个航天员乘组首次实现"太空会师"

- 从哲学上看，生命的进化过程和我国航天事业的进展历程有什么共同之处？

自然界是发展的。自然界总是处在由低级到高级、由简单到复杂的发展过程中。整个自然界经历了一个从无机物到有机物、从无生命物质到生命物质、从生命物质到人的漫长发展过程。

人类社会是发展的。纵观历史进程，人类经历了原始社会、奴隶社会、封建社会、资本主义社会，一些国家进入了社会主义社会。作为共产主义社会的第一阶段，社会主义社会经过长期发展，在高度发达的基础上，最终将走向共产主义社会。在一种社会形态内部，其经济、政治、文化等方面也是不断发展的。

相关链接

历史上，西藏长期处于政教合一的封建农奴制统治之下。1951 年，西藏和平解放。在中国共产党的领导下，西藏经过民主改革和农牧业社会主义改造后，走上了社会主义发展道路，实现了由封建农奴制度向社会主义制度的历史性飞跃，创造了“短短几十年，跨越上千年”的人间奇迹。如今，西藏各族人民在中国共产党的领导下，在全国人民的大力支援下，奋发有为，把贫穷落后的旧西藏建设成了经济快速发展、社会全面进步、生态环境良好、人民生活幸福的新西藏，实现了经济社会的跨越式发展。

“西藏解放第一村”西藏昌都岗托村旧照

如今的西藏昌都

人的认识是发展的。人对事物的认识是一个由浅入深的过程。人们不断拓展、深化对世界的认识，由不知到知、由知之不多到知之较多。

相关链接

人类对病毒的认识是一个不断深化发展的过程。19 世纪晚期，烟草花叶病毒的发现使人类第一次认识到病毒的存在，而直到 20 世纪 30 年代，人类借助电子显微镜，才看到了病毒的真面目。此后，科学家们借助物理、化学、生物、计算机等多学科技术，对病毒的了解不断深入。如今，人类能够在一定范围内预防病毒传播，在农业领域，还能利用病毒消灭病虫害。尽管病毒会不断变异，但人类也在不断破译“病毒密码”。

2. 发展的实质

阅读与思考

芳林新叶催陈叶，
流水前波让后波。
——刘禹锡

海日生残夜，
江春入旧年。
——王湾

江山代有才人出，
各领风骚数百年。
——赵翼

- 这些古诗蕴含了什么哲学道理？

发展的实质是新事物的产生和旧事物的灭亡。新事物符合客观规律、具有强大生命力和远大发展前途；旧事物违背事物发展的必然趋势，最终会走向灭亡。在社会历史领域中，新事物符合历史发展的必然趋势，反映了社会进步的基本要求，符合人民群众的根本利益，得到了人民群众的支持和拥护，因而必然战胜旧事物。

相关链接

判定一个事物是新事物还是旧事物的标准，不是形式的新旧，不是出现时间的先后，也不是一时力量的强弱、发展速度的快慢、事物的名称和旗号等表面形式，其根本标志在于它是否同事物发展的必然趋势相符合。

事物的发展是螺旋式上升、波浪式前进的过程。新事物的发展总要经历一个由小到大、由弱变强、由不完善到比较完善的过程。在新事物刚出现时，不可避免地存在着弱点和不完善的地方，而旧事物此时还比较强大，总是极力扼杀新事物。新事物战胜旧事物不可能一蹴而就，必然经历曲折的过程。事物发展是前进性和曲折性的统一，前途是光明的，道路是曲折的。我们要对新事物的发展抱有充分的信心，热情支持新事物，促使其成长、壮大。

> 设想世界历史会一帆风顺、按部就班地向前发展，不会有时出现大幅度的跃退，那是不辩证的，不科学的，在理论上是不正确的。
>
> ——列宁

相关链接

今天，乘坐火车出行安全快捷，然而在火车诞生之初，情况并非如此。1814 年，斯蒂芬森研制出世界上最早的蒸汽机车，但它粗糙笨重，运行起来振动强烈，噪声很大，浓烟滚滚，车轮摩擦铁轨时火星四溅，还随时有爆炸的危险。面对这个初生的“怪物”，有人驾着一辆漂亮的马车和火车赛跑，并讥笑他：“你的火车怎么还没有马车快呀？”

面对挫折，斯蒂芬森没有放弃。他继续钻研，进行了一系列改进，减小了机车排汽发出的尖叫声，加强了锅炉的火力，提高了机轮的运转速度。1825 年 9 月，在斯蒂芬森的努力下，世界上第一台客货运蒸汽机车“旅行者号”终于诞生了，并且进行了公开试车。数千人前来观看，斯蒂芬森亲自驾驶“旅行者号”。机车牵引着 12 节装着煤、面粉的车厢和 20 节满载乘客的车厢，最高时速达到 20 至 24 公里。

虽然火车一直走在骑马引领者的后面，而且遇到陡峭的坡道，还需要借助绳子和固定蒸汽机爬坡，但是，“旅行者号”的试车还是引起了巨大的轰动，而且成功开辟了陆上运输的新纪元。铁路运输事业从此诞生了。

3. 事物变化的状态

阅读与思考

合抱之木，生于毫末；九层之台，起于累土；千里之行，始于足下。

不积跬步，无以至千里；不积小流，无以成江海。

千里之堤，溃于蚁穴。

绳锯木断，水滴石穿。

- 上述古语说明了什么哲学道理？

> 依事物本身的性质和条件，经过不同的飞跃形式，一事物转化为他事物。
>
> ——毛泽东

量变与质变是事物变化的两种基本状态或形式。量变是事物数量的增减和组成要素排列次序的变动，是一种较小的、不显著的变化。质变是事物性质的根本变化，是事物由一种质态向另一种质态的转变，是一种根本的、显著的变化。

量变是质变的必要准备，质变是量变的必然结果。事物的发展总是从量变开始，量变达到一定程度必然引起质变。质变又为新的量变开辟道路，在新质的基础上事物又开始新的量变。如此循环往复，构成了事物变化发展的全过程。

启思导行

古人讲“勿以恶小而为之，勿以善小而不为”。这告诉我们不能因为坏事小而去做，不要因为好事小而不做；小恶如果不加控制和制止会形成大恶，小善日积月累能成为利于社会的大善。

● 一个人要发展进步，就要善于反省自己，做到“吾日三省吾身”。填写下表，梳理总结自己在各方面的变化（包括进步与不足），思考如何进一步改进，日积月累，促进自己健康成长。

总结项	取得的进步	不足之处	如何改进
思想品德方面			
专业学习方面			
技能训练方面			
社会实践方面			
日常生活方面			
其他方面			

二、用发展的观点处理人生问题

1. 注重量的积累，实现质的飞跃

阅读与思考

长征五号运载火箭发动机的喷管上有数百根几毫米的管线，管壁的厚度只有0.33毫米，需要通过3万多次精密的焊接操作，才能把它们编织在一起，焊缝细到接近头发丝，而长度相当于绕一个标准足球场两周。这个看似不可能的事情，却被高凤林完美地做到了。他被称为火箭“心脏”的“金手天焊”。

“金手天焊”是怎样炼成的？火箭的零件非常精巧，精度要求非常高。动作不对，呼吸太重，焊缝就不均匀了。从姿势到呼吸，高凤林从学徒起就开始了最严苛的训练。为了练好基本功，他甚至在日常生活中也进行各种练习：吃饭时习惯拿筷子比画着焊接送丝的动作，喝水时习惯端着盛满水的茶缸练稳定性，休息时举着铁块练耐力，更曾冒着高温观察铁水的流动规律。

正是这样日积月累的艰苦磨炼，高凤林锻炼出一手炉火纯青的焊接技术，成为当之无愧的“火箭发动机焊接第一人”。

● 说说高凤林是怎样成为“金手天焊”的。

人生是一个发展的过程，我们要脚踏实地，注重量的积累。人生之路需要一步一步地走，人生目标的实现需要一点一滴地奋斗。梦在前方，路在脚下。我们要埋头苦干，锲而不舍，用勤劳的汗水为实现人生的理想和抱负奠定坚实的基础。

奋斗不只是响亮的口号，而是要在做好每一件小事、完成每一项任务、履行每一项职责中见精神。奋斗的道路不会一帆风顺，往往荆棘丛生、充满坎坷。强者，总是从挫折中不断奋起、永不气馁。

——习近平

相关链接

许多人从小立下鸿鹄之志，希望自己能够报效祖国。而要实现人生的远大理想，就要从点滴做起，并持之以恒。革命前辈徐特立刻苦学习法语的经历就是这方面的楷模。1919年，徐特立去法国勤工俭学时已40多岁了。有人对他说，你这么大岁数了，学法文会有不少困难的。徐特立这样回答：“事情可以慢慢来，我现在43岁，一天学1个字，7年可以学会2 500多个字，到了50岁，不就是一个通晓法文的人了吗？假如一天学2个字，到46岁就可以学懂一国文字。”后来，他凭着这股顽强的毅力，日积月累，久久为功，用了四五年的时间，就能读懂法文书籍了。

要抓住时机，实现质的飞跃。在量变已经达到一定程度，只有改变事物原有的性质才能向前发展时，要果断地抓住时机，促成质变，实现事物的飞跃。人生的道路虽然漫长，但紧要处常常只有几步。在人生发展过程中，我们要善于抓住机遇，攀登人生的新高度。

2. 正确对待顺境与逆境

阅读与思考

“宝剑锋从磨砺出，梅花香自苦寒来”，技校美发技术专业毕业的聂凤，对此深有感触。聂凤曾参与过 3 次世界技能大赛。在参加第 41、42 届世界技能大赛选拔时，她满怀信心，却均以失败告终。之后很长一段时间，她都处在失败的阴影里。后来，她调整心态，认真总结前两次参赛失利的教训，重新投入日复一日的训练中。她努力抓好每一个细节，一点点纠正技术上的不足，做到每天都有进步。她每天练习十几个小时，一年能剪掉两三千个头模。除了专业训练外，她每天还坚持近两个小时的体能锻炼。在强手如林的比赛中，在当了两届比赛的“陪练”后，聂凤终于成为美发行业里的“奥运冠军”。2015 年，在第 43 届世界技能大赛上，聂凤获得美发项目金牌，实现了我国在该项大赛上金牌零的突破，成为亚洲国家在世界技能大赛美发项目取得的第一个世界冠军。

正如聂凤所说，在技能学习和成长的道路上，会有困难和压力，也会有犹豫和茫然，但一定要相信自己，天生我材必有用。要坚定自己的选择并持之以恒地坚持下去，不怕失败，顽强拼搏！

- 聂凤对待人生逆境的经历对你有哪些启示？

人生发展有顺境也有逆境。顺境为人生发展提供机遇和有利条件，可以让我们的才能得到自由充分的发展，但也容易使人安于现状，缺乏危机感和奋斗的动力。逆境会使我们受到一时的挫折，但只要我们正确对待，就可以磨炼意志，积累经验，促使我们奋发向上。

相关链接

“盖文王拘而演《周易》；仲尼厄而作《春秋》；屈原放逐，乃赋《离骚》；左丘失明，厥有《国语》；孙子膑脚，《兵法》修列；不韦迁蜀，世传《吕览》；韩非囚秦，《说难》《孤愤》；《诗》三百篇，大抵圣贤发愤之所为作也。”这段文字出自我国西汉时期伟大的史学家、文学家、思想家司马迁的《报任安书》。司马迁虽遭受极端摧残，仍能忍辱发奋，以极大的毅力创作完成了中国第一部纪传体通史《史记》。司马迁还表达了自己撰写《史记》的初衷，不是为帝王树碑立传，也不是为将相歌功颂德，而是“究天人之际，通古今之变，成一家之言”，并希望“藏之名山，传之其人，通邑大都，则仆偿前辱之责，虽万被戮，岂有悔哉！”

> 人生之路，有坦途也有陡坡，有平川也有险滩，有直道也有弯路。青年面临的选择很多，关键是要以正确的世界观、人生观、价值观来指导自己的选择。
>
> ——习近平

我们要用发展的观点正确认识和处理人生道路上的顺境与逆境。在顺境中，要居安思危、有忧患意识，善于抓住机遇，促进自身发展；如果安逸懈怠、不思进取，就会出现逆境。在逆境中，不要消极悲观、畏难退缩、自暴自弃，而要冷静思考、善于反思，以乐观向上的心态勇于面对困难，应对挫折，从而度过逆境，迎来顺境。

启思导行

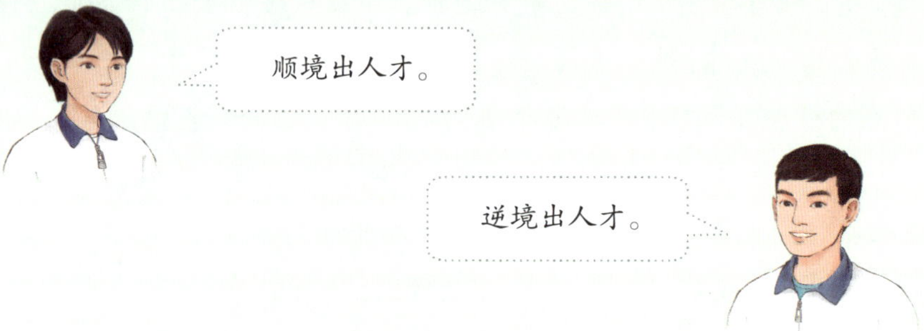

- 运用所学哲学原理，谈谈你对上述两种观点的看法。结合生活和专业学习中的经历，谈谈如何对待顺境与逆境，并组织班级辩论会或讨论会进行交流。
- 通过讨论交流，制定“顺境五戒”“逆境五戒”，提醒自己在顺境、逆境时需要注意的地方，并和同学交流分享。

顺境五戒	逆境五戒
在顺境中我们要戒：	在逆境中我们要戒：
1.	1.
2.	2.
3.	3.
4.	4.
5.	5.

第6课
用对立统一的观点看问题

老子指出：“故有无相生，难易相成，长短相形，高下相倾，音声相和，前后相随。”这句话表明，事物是相辅相成、对立统一的，在一定条件下可以相互转化。矛盾无处不在，无时不有，任何事物都是矛盾的统一体。矛盾是什么？矛盾在事物发展中起到怎样的作用？如何正确认识和处理人生中的矛盾和问题？学习本课，我们将明白对立统一规律是事物发展的根本规律，理解矛盾普遍性与特殊性的辩证关系，在想问题办事情时，学会抓住主要矛盾和矛盾的主要方面，坚持内外因相结合、具体问题具体分析。

一、对立统一规律是事物发展的根本规律

1. 矛盾是事物发展的源泉和动力

阅读与思考

航天器返回地球时，表面温度可高达 3 000℃左右，因此必须给航天器穿上密度大、质量大的防热外衣。自 20 世纪 80 年代以来，科学家们对航天器防热材料集中攻关，取得了一项又一项技术创新。

对于高速穿越大气层的航天器来说，质量与射程密切相关。例如，火箭末级每减轻 1 千克质量，就能增加约 15 千米的射程。嫦娥五号探测器返回地球时，面对地月平均距离 38.5 万千米的遥远路程，探测器外衣需要既能防热又尽可能轻便。

2020 年 12 月 17 日，嫦娥五号返回器安全着陆地球

为了解决质量和射程之间的矛盾，科学家们在航天器的迎风面、背风面等不同部位采用了 7 种不同密度的防热材料，确

保每1克质量都用在刀刃上。穿着“拼接款防热外衣”的嫦娥五号返回器由此实现了“轻装上阵”。

中国航天事业正是在这样解决一个个技术难题和矛盾问题中不断发展的。

在航天器外层材料研制中，科学家是怎样解决相关矛盾关系并不断推进航天器材料技术创新的？这体现了怎样的哲学道理？

世界上的一切事物都包含着既相互对立又相互统一的两个方面，这种既对立又统一的关系就是矛盾。

相关链接

光的本质是什么？物理学家曾对此有过长达200多年的争论。有人持“波动说”：光是一种连续不断的波；有人持“微粒说”：光是由无数微粒构成的粒子流。1905年，爱因斯坦提出了光量子学说，认为光既是波，又是微粒；既是连续的，又是不连续的。2015年，瑞士科学家成功拍摄出光同时表现波粒二象性的照片，充分证明了爱因斯坦的结论。

> 有条件的相对的同一性和无条件的绝对的斗争性相结合，构成了一切事物的矛盾运动。
>
> ——毛泽东

同一性和斗争性是矛盾的两种基本属性。矛盾的同一性是指矛盾双方相互联系、相互依存的属性。矛盾的斗争性是指矛盾双方相互排斥、相互对立的属性。矛盾的同一性不能脱离斗争性而存在，是包含着差别的同一；矛盾的斗争性也不能脱离同一性而存在，斗争性寓于同一性之中并被其制约。

相关链接

毛泽东在《矛盾论》中指出：试想一切矛盾着的事物或人们心目中矛盾着的概念，任何一方面能够独立地存在吗？没有生，死就不见；没有死，生也不见。没有上，无所谓下；没有下，也无所谓上。没有祸，无所谓福；没有福，也无所谓祸。没有顺利，无所谓困难；没有困难，也无所谓顺利……一切对立的成分都是这样，因一定的条件，一面互相对立，一面又互相联结、互相贯通、互相渗透、互相依赖。

矛盾是事物发展的源泉和动力。一方面，矛盾双方相互依存，一方的存在以另一方的存在为前提，使事物得以稳定存在；矛盾双方相互渗透，吸取对方的有利因素促进自身发展和事物发展；矛盾双方相互向对立面转化，规定着事物发展的趋势。另一方面，矛盾双方力量此消彼长，为事物的质变做量的准备；矛盾双方各自到达极限时矛盾分解，实现事物的质变。

人生处处有矛盾。人生矛盾是推动人生发展的动力。我们要敢于承认、正视矛盾，不能回避、掩盖矛盾；要学会用科学的方法，正确认识和分析矛盾；要以积极的态度去处理和解决矛盾，促进人生的发展。

2. 矛盾的普遍性和特殊性

阅读与思考

公孙龙是战国时期赵国人，诸子百家中名家的代表人物之一，能言善辩。一天，公孙龙骑着一匹白马来到函谷关。当时赵国的马匹流行烈性传染病，秦国严防瘟疫传入国内，就在函谷关口贴出告示，禁止赵国马匹入关。关吏对公孙龙说："你人可入关，但马不能。"公孙龙辩道："白马非马，怎么不可以过关？"关吏说："白马是马。"公孙龙说："如果说马等于白马，或者马等于黑马，那岂不是说，白马等于黑马？"关吏愣住了。公孙龙继续从逻辑的角度来证明"白马"不是"马"。关吏越听越迷糊，被公孙龙的高谈阔论搞得晕头转向，无法应对，只好让公孙龙骑白马过关了。

- 你如何理解"白马"和"马"的关系？

矛盾具有普遍性。矛盾存在于一切事物之中，无论是自然界、人类社会还是人的思维中都存在矛盾，可谓处处有矛盾；矛盾贯穿于一切事物发展过程的始终，事物从产生、发展直到消亡始终存在矛盾，可谓时时有矛盾。

相关链接

不论是简单的运动形式，还是复杂的运动形式；不论是客观世界，还是主观世界，都存在着矛盾。例如，数学中的正数和负数，物理学中的正电和负电，化学中的化合和分解，社会科学中的生产力和生产关系，军事学中的攻击和防御，哲学中的唯物论和唯心论、辩证法和形而上学，等等。这体现了矛盾是客观的和普遍的。

矛盾具有特殊性。世界上的事物虽然都包含矛盾，但具体矛盾却各不相同，所以我们生活的世界才会五彩缤纷、纷繁复杂。矛盾的特殊性主要包含三种情形：一是不同事物有不同的矛盾，这些不同的矛盾构成了一事物区别于他事物的特殊本质；二是同一事物在发展的不同过程和阶段上有不同的矛盾；三是同一事物中的不同矛盾、同一矛盾的不同方面也各有其特殊性。

相关链接

为什么会有数学、物理、化学、历史、地理等不同学科的划分呢？这就是由于研究对象所具有的矛盾特殊性形成的。例如，数学研究的是数量、运算等，物理研究的是物质最基本的运动形式和规律，化学研究的是物质的组成、结构与变化规律等。因为研究对象各有不同，所以产生了不同的科学研究，也就有了不同学科的划分。

> 中国式现代化，是中国共产党领导的社会主义现代化，既有各国现代化的共同特征，更有基于自己国情的中国特色。
>
> ——习近平

矛盾的普遍性和特殊性相互联结。一方面，普遍性寓于特殊性之中，并通过特殊性表现出来，没有特殊性就没有普遍性；另一方面，特殊性离不开普遍性，世界上的事物无论有多么特殊，总是和同类事物中的其他事物有共同之处，不包含普遍性的事物是不存在的。在一定条件下，矛盾的普遍性与特殊性相互转化，即在这个场合为普遍性的东西，在另一个场合则变为特殊性的东西；反之亦然。

矛盾的普遍性和特殊性的关系，也就是矛盾的共性和个性、绝对和相对的关系，这是关于事物矛盾问题的精髓。

启思导行

我们常常形容互联网是一把“双刃剑”，用得好，它是一个宝库，里面有取之不尽的宝物；用不好，它是“潘多拉的魔盒”，会带来很多问题。

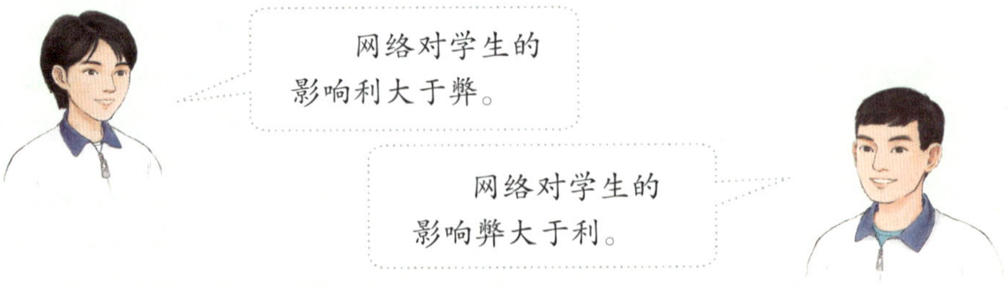

- 你如何看待网络使用的利与弊这对矛盾？我们应当怎样利用网络促进自己的进步和发展？

二、正确认识和处理人生矛盾

1. 坚持两点论与重点论的统一

阅读与思考

2021 年 3 月，独龙江乡孩子的校园生活

党的十八大以来，脱贫攻坚战全面打响。云南省贡山独龙族怒族自治县独龙江乡在脱贫工作中，安居温饱、基础设施、产业发展、社会事业、素质提高、生态环境保护与建设“六大工程”共同推进。在一系列脱贫工程中，独龙江乡尤其注重发展教育，大力提高人民群众文化水平。新中国成立前，独龙江乡没有一所学校；如今，独龙江乡适龄儿童入学率达 100%，初中阶段毛入学率达 100%，巩固率达 100%。作为从原始社会直接过渡到社会主义社会的“直过民族”，独龙族正在以教育提升素质，全面巩固脱贫成果，不断向前发展。

2019 年 4 月 10 日，习近平给独龙江乡群众回信，祝贺独龙族实现整族脱贫，并勉励乡亲们努力创造独龙族更加美好的明天。

- 脱贫是一个系统工程，独龙江乡在脱贫过程中为什么特别强调优先发展教育？

在事物发展过程中有多种矛盾，处于支配地位、对事物发展起决定作用的矛盾就是主要矛盾；处于从属地位、对事物发展不起决定作用的矛盾就是次要矛盾。主要矛盾与次要矛盾在一定条件下相互转化。

相关链接

中国特色社会主义进入新时代，我国社会主要矛盾已经转化为人民日益增长的美好生活需要和不平衡不充分的发展之间的矛盾。我国社会的主要矛盾发生变化，充分反映了我国社会发展的巨大进步，同时也对党和国家工作提出了新要求。

每一矛盾都有两个方面，其中必有一方处于支配地位、起主导作用，这就是矛盾的主要方面；处于被支配地位、从属状态的一方就是矛盾的次要方面。事物的性质主要是由主要矛盾的主要方面决定的。矛盾的主要方面和次要方面相互作用，在一定条件下双方的地位相互转化。

相关链接

2004年，时任浙江省委书记的习近平接受延安电视台《我是延安人》节目专访，畅谈自己的生活、工作和家庭等。习近平回忆道，自己在延安的插队岁月，吃了很多苦；可慢慢融入后，才发现生活中有很多乐趣，为乡亲们谋福利更是快乐。他说："我总感觉到了插队以后，是获得了一个升华和净化。个人确实是一种脱胎换骨的感觉。"这体现了矛盾的主次方面相互作用、地位相互转化的关系。

> 在任何工作中，我们既要讲两点论，又要讲重点论，没有主次，不加区别，眉毛胡子一把抓，是做不好工作的。
>
> ——习近平

坚持两点论与重点论相统一。在认识复杂事物的发展过程时，既要看到主要矛盾，又要看到次要矛盾；在认识某一矛盾时，既要看到矛盾的主要方面，又要看到矛盾的次要方面，这就是两点论。要着重把握事物发展过程中的主要矛盾，着重把握某一矛盾中的主要方面，这就是重点论。主要矛盾与次要矛盾、矛盾的主要方面与次要方面的辩证关系要求我们，想问题办事情要坚持两点论与重点论的统一，既要全面分析，又要善于抓住重点和主流。

在认识和处理人生矛盾时，既要坚持两点论，进行全面的分析，学会"十个指头弹钢琴"，做到统筹兼顾、综合平衡；又要坚持重点论，善于抓住重点和关键，学会"牵牛鼻子"。

2. 坚持内因与外因相结合

阅读与思考

毛茸茸的小鸡非常可爱，在合适的条件下，经过21天左右的孵化，小鸡就能从鸡蛋里"变"出来。小鸡孵化的过程看似简单，却需要合适的鸡蛋、孵化的场地、适宜的温度等必要的条件。毛泽东在《矛盾论》一文中曾讲过这一问题，指出鸡蛋可以在适当的温度下孵化为鸡，而温度不能使石头变为鸡，"因为二者的根据是不同的"。

小鸡破壳而出

- 鸡蛋"变"出小鸡需要什么条件？这说明了什么道理？

事物发展是由多种矛盾推动的，其中既有事物内部的矛盾，也有事物外部的矛盾。事物内部的矛盾，是事物内部的对立统一，即内因；事物外部的矛盾，是事物与其他事物之间的对立统一，即外因。

事物发展是内因与外因共同作用的结果。内因和外因在推动事物发展过程中的地位和作用是不同的。内因是事物变化发展的根据，事物的变化发展主要是由内因引起的。外因是事物变化发展的必要条件，但外因必须通过内因才能起作用。

相关链接

2021 年 4 月 12 日至 13 日，全国职业教育大会召开，习近平作出重要指示强调，在全面建设社会主义现代化国家新征程中，职业教育前途广阔、大有可为。此前，根据《国家职业教育改革实施方案》，我国陆续出台了《关于实施中国特色高水平高职学校和专业建设计划的意见》《职业教育提质培优行动计划（2020—2023 年）》《关于提高技术工人待遇的意见》等一系列推进职业教育改革发展和提高技能人才地位、待遇的支持政策。在良好外部环境的推动下，许多技术能手刻苦学习专业知识，加强业务实践，专业技能不断提升。这些技术技能人才成长的背后，既有自身的努力，又有国家政策的支持，这正是内因与外因共同作用的结果。

人生发展要坚持内因与外因相结合，正确处理好自身努力与外部条件的关系。个人的成长首先要依靠自己的努力，无论从事何种职业，提高自身能力是关键因素。同时，也不能忽视外部条件的作用，要积极争取和创造有利于自己进步的外部条件。

相关链接

1990 年出生的裴先峰是“全国五一劳动奖章”和“中国青年五四奖章”获得者。作为一名技术工人，他自强不息、勤学苦练，通过长期自我加压训练和多次参与国家重点工程建设，练就了一身精湛的技艺。刚开始接触合金钢焊接时，裴先峰的焊道成形总是不好，但他没有气馁，白天练习，晚上还找来专业书籍学习研究。渐渐地，他悟出了许多门道，对每一层施焊熔池灭弧的方向、停顿时间、电流大小等了如指掌。正是因为单位的培养和师傅的教导，再加上自己的不懈努力，裴先峰迅速成长起来。很快，裴先峰在多项全国焊工技能比赛中获得佳绩，代表中国参加第 41 届世界技能大赛并获得银牌，实现了该项赛事上中国奖牌零的突破。

3. 坚持具体问题具体分析

阅读与思考

据《三国志·魏书·华佗传》记载，有两个人都头痛发热，都来请华佗看病。华佗检查二人症状后，分别给他们开了不同的处方，二人十分不解。华佗解释道："你们一个人的病是由于饮食过多引起的，病在内，应当服泻药，将积滞泄去，病就好了。另一个人的病是受凉感冒引起的，病在外，应当吃解表药，风寒之邪随汗而去，头痛也就好了。你们症状相似，但病因相异，所以治之宜殊。"二人拜服，回家后各自熬药服用，很快都痊愈了。

- 华佗给两位有相似症状的病人开不同的处方，这说明了什么哲学道理？

具体问题具体分析是正确认识事物的基础。世界上的事物千差万别，其内部矛盾各有特殊性。只有具体分析事物矛盾的特殊性，才能把不同的事物区分开来，从而正确认识事物。

> 马克思主义的活的灵魂：对具体情况做具体分析。
>
> ——列宁

相关链接

《摆脱贫困》一书收录了习近平在福建宁德工作期间的重要讲话和文章，书中贯穿了凡事必须具体问题具体分析的科学工作方法。在习近平看来，摆脱贫困要因地制宜、精准施策、分类指导。他从闽东九县的实际出发，根据当地特色的山海资源，推广"一村一品"（每个村都要抓一种有特色的产品）的脱贫方案，取得显著成效。

具体问题具体分析是正确解决矛盾的关键。事物的矛盾各不相同，决定了处理和解决矛盾的方法也各不相同。只有对具体问题做具体分析，把握事物矛盾的特殊性，才能找到解决不同矛盾的正确方法。

> 要坚持具体问题具体分析，"入山问樵、入水问渔"，一切以时间、地点、条件为转移，善于进行交换比较反复，善于把握工作的时度效。
>
> ——习近平

相关链接

《论语·先进》中记载了这样一个故事。一次，子路向老师请教："先生，如果我听到一种正确的主张，可以立刻去做吗？"孔子看了子路一眼，慢条斯理地说："总要问一下父亲和兄长吧，怎么能听到就去做呢？"子路刚出去，另一个学生冉有悄悄走到孔子面前，恭敬地问："先生，我要是听到正确的主张应该立刻去做吗？"孔子马上回答："对，应该立刻实行。"冉有走后，公西华奇怪地问："先生，一样的问题你的回答怎么相反呢？"孔子笑了笑说："冉有性格谦逊，办事犹豫不决，所以我鼓励他临事果断；子路逞强好胜，办事不周全，所以我就劝他遇事多听取别人意见，三思而行。"孔子对待弟子的教育方式各有不同，体现了"因材施教"的教育理念。

对待人生矛盾要学会具体问题具体分析。在我们人生的不同阶段和不同环境中，总会遇到这样或那样的矛盾，无法回避且各有特点。我们要学会具体问题具体分析，做到对症下药、量体裁衣，"一把钥匙开一把锁"。

启思导行

你所在学校一定有很多优秀校友，查找优秀校友的相关资料，分析他（她）的进步和成长背后有哪些自身素养（内因）和外部条件（外因）。结合成长的实际需要，说说自己可提升的自身素养和可利用的外部条件有哪些。

我查找的是关于__________的故事，他（她）在__________领域取得了成绩。

促进他（她）进步的自身素养：____________________

促进他（她）进步的外部条件：____________________

我需要提升的自身素养：____________________

我可以利用的外部条件：____________________

内容概览

- 辩证看问题 走好人生路
  - 第 4 课 用联系的观点看问题
    - 世界是普遍联系的
      - 联系的普遍性、客观性
      - 联系的多样性、条件性
    - 在和谐共处中实现人生发展
      - 正确处理整体与部分的关系
      - 用联系的观点看待世界和人生
  - 第 5 课 用发展的观点看问题
    - 世界是永恒发展的
      - 发展的普遍性
      - 发展的实质
      - 事物变化的状态
    - 用发展的观点处理人生问题
      - 注重量的积累，实现质的飞跃
      - 正确对待顺境与逆境
  - 第 6 课 用对立统一的观点看问题
    - 对立统一规律是事物发展的根本规律
      - 矛盾是事物发展的源泉和动力
      - 矛盾的普遍性和特殊性
    - 正确认识和处理人生矛盾
      - 坚持两点论与重点论的统一
      - 坚持内因与外因相结合
      - 坚持具体问题具体分析

学以致用

坚持唯物辩证法　乐观向上促发展

▶活动目标

1. 了解唯物辩证法与形而上学的根本对立，懂得世界是普遍联系和永恒发展的，理解对立统一规律是事物发展的根本规律。

2. 学会运用唯物辩证法看待世界和人生。培养和谐共处的处世态度，树立个人与国家、社会紧密相连的价值观。正确认识人生道路上的顺境与逆境，积极面对人生发展过程中遇到的矛盾，在生活实践中磨炼意志，形成乐观向上的人生态度。

3. 能够运用唯物辩证法正确分析社会现象，提高辩证思维能力。学会用联系和发展的观点处理人生问题，脚踏实地，勇于超越，实现人生发展。学会用具体问题具体分析的方法正确认识社会和人生中的问题，在解决矛盾的过程中不断成长。

▶活动任务与建议

任务一：以“为什么个人不能孤立地生存和发展”为议题，探讨事物普遍联系的观点

1. 绘图识联系。可通过绘制关系图，展现某一热点事件涉及的关系网，尽量从不同视角、不同关注点进行绘制，展现联系的普遍性和多样性。可采用分专题绘制、小组合作、组间比赛的方式进行活动。

2. 分享促和谐。与同学们分享交流你在家庭、校园或电影院等场所，遇到的冲突及冲突处理的事例，探讨促进人际交往和谐的方法，从中感悟个人与他人、集体的紧密联系。

3. 评选树榜样。可组织班级“和谐标兵”评选，并举行颁奖典礼。选出自己心目中的“和谐标兵”，分享他们的事迹并制作奖状，在颁奖典礼上为其致颁奖词，与同学一起向他们学习。

任务二：以“为什么说人生发展不会是一帆风顺的”为议题，探讨事物发展是前进性和曲折性的统一

1. 在调查中了解。可采用调查法，通过调查问卷或访谈，了解身边同学、毕业学长、老师、父母等在学习、生活、工作中曾经历的顺境与逆境，以及他们对待顺境与逆境的态度和做法。

2. 在故事中体悟。可组织以“我心中打不败的英雄”为主题的故事分享会。在处理人生发展的顺境与逆境上，谁是你心目中的“英雄”？与同学分享他们的事迹。

3. 在实践中成长。可列一份成长清单。在清单中写下自己在人生发展中正经历和可能会经历的顺境与逆境，并写出处理它们的具体办法，从而更好地指导实践，促进人生发展。

任务三：以“为什么不能回避矛盾”为议题，探讨矛盾在事物发展中的作用，领会矛盾分析法的意义

1. 辩论明理。可组织一场辩论会。以“矛盾是否无处不在”“矛盾是否独一无二”“矛盾是否促进成长”等作为辩论题目，正反双方通过举事例、讲道理等方式进行辩护。辩论会后，谈谈你对矛盾新的认识和体会。

2. 行动求变。可撰写一份“矛盾处理情况说明书”，说明在生活和学习中自己经历的矛盾事件和处理办法，并结合事例，说明矛盾如何促进自己的人生发展和学业进步，展现出“矛盾是事物发展的源泉和动力”。

任务四：以“为什么要坚持唯物辩证法”为议题，了解唯物辩证法与形而上学的根本对立，在学习生活中自觉运用唯物辩证法

1. 绘图对比辨分歧。比较唯物辩证法与形而上学的根本对立。根据下列资料卡，画出唯物辩证法与形而上学主要分歧的对比图，在讨论中体会唯物辩证法与形而上学是两种根本对立的世界观，并说说在学习和生活中坚持唯物辩证法，反对形而上学，要从哪些方面着手。

资料卡 1

唯物辩证法与形而上学是两种根本对立的世界观，它们的分歧主要表现在三个方面，即联系观点和孤立观点的对立，发展变化观点和静止不变观点的对立，承认事物内部矛盾和否认事物内部矛盾的对立。

资料卡2

马克思主义的辩证法是唯物主义辩证法。我们坚持唯物主义辩证法，反对形而上学，就要做到以下三点。一是坚持用联系的观点看世界，反对用孤立的观点看世界。在观察和分析问题时，要从事物之间的相互联系和相互作用入手，不能只看到一个个孤立的事物。二是坚持用发展的观点看世界，反对用静止的观点看世界。要把事物的现状与它的过去和将来联系起来考察；既要看到事物位置的移动和数量的增减，更要看到事物根本性质的变化和发展。三是坚持用矛盾的观点看世界，反对用片面的观点看世界。在想问题办事情时，学会抓住主要矛盾和矛盾的主要方面，坚持内因与外因相结合、具体问题具体分析。

2. 理好关系促发展。只有将唯物辩证法中联系的观点、发展的观点和矛盾分析法等自觉运用到学习和生活中，处理好各种关系，才能促进个人成长。可结合实际需要，选择以下任意一组关系，思考如何运用唯物辩证法处理好这组关系，促进个人发展。召开班级分享会，在分享交流中促进自己认知完善，提升处理关系的能力。

就业与学业　娱乐与学习　消费与节俭　劳动与休息　其他

我选择的关系：____________________

我对这组关系的认识：____________________

我的处理方式：____________________

▶活动评价

评价内容	评价人员	评价方式	评价维度						总结反思
			语言表达	问题分析	事件处理	成果呈现	个人状态	团队合作	

说明：

- 评价人员：本人、同学、家长、教师等。
- 评价方式：采用赋分评价、评语结论评价等。
- 评价维度：语言表达是否清晰准确，问题分析是否全面准确，事件处理是否恰当，成果呈现是否完整，个人状态是否积极，团队合作是否有效。
- 总结反思：从成效、改进措施等方面进行。

第三单元 实践出真知 创新增才干

“纸上得来终觉浅，绝知此事要躬行”。认识的获得离不开实践，人类是在实践中认识和把握世界的。人类的认识从何而来？实践在认识过程中的地位和作用如何？怎样在实践中提高创新能力？探讨和回答这些问题，有助于我们在实践中不断提高认识水平，增长才干，提升创新创造能力。

第7课
实践出真知

李时珍在长达20多年的时间里，先后到很多地方搜集药物标本。他遍尝百草，还经常以身试药，有好几次都差点中毒身亡。经过不懈努力，李时珍终于完成了190多万字的巨著《本草纲目》。李时珍编写《本草纲目》的过程给我们什么启示？我们的认识是从哪里来的呢？学习本课，我们将了解实践在认识活动中的决定作用，懂得为什么要理论联系实际，努力做到知行合一。

一、人的认识从何而来

1. 实践是认识的基础

阅读与思考

20世纪60年代，为了提高水稻产量，解决中国人民的温饱问题，袁隆平开始了杂交水稻研究。当时，人们普遍认为水稻是自花授粉作物，没有杂交育种优势。袁隆平和团队成员经过实验发现，水稻中一些杂交组合有育种优势，认定这是提高水稻产量的重要途径。为此，袁隆平辗转全国各地，经过多年的杂交种植研究，成功培育出了籼型杂交水稻，研究出了两系法杂交水稻技术，刷新了全世界对杂交水稻育种的认知，大大提高了水稻产量，为解决中国和全世界粮食短缺问题作出了突出贡献。作为杂交水稻研究的开创者和带头人，袁隆平被誉为“杂交水稻之父”。

袁隆平在田间观察杂交水稻生长情况

- 袁隆平通过实验培育出高产杂交水稻的经历，对你有什么启示？

实践是认识的来源。人的认识是在实践活动的基础上产生和发展的，在实践活动中，人们借助一定的手段同客观物质对象发生关系，获得关于客观事物的认识。离开实践，认识是不可能产生的。

相关链接

实践是人们改造客观世界的活动，包括改造自然的生产实践、变革社会的实践、探索世界规律的科学实验。认识是人脑对客观事物的反映。归根到底来说，一切认识来源于实践。但对个人而言，所获得的知识包括直接经验和间接经验两部分。任何知识都不能离开直接经验，但是，这并不意味着事事都必须去亲自实践。一个人的多数知识还是来自间接经验，是从他人传授以及书本、网络等媒介获得的。

实践是认识发展的动力。实践的需要推动认识的产生和发展，实践不断产生新问题，提出新要求，推动人们进行新的探索和研究。实践为认识提供新工具，弥补人类认识器官的不足，促进人类认识的发展。实践还改造着我们的主观世界，人类在改造客观世界的同时，自身的认识能力也在不断提升，从而推动认识不断发展。

> 社会一旦有技术上的需要，这种需要就会比十所大学更能把科学推向前进。
>
> ——恩格斯

实践是检验真理的唯一标准。认识不能检验自身是否符合客观实际，客观事物自身也不能回答认识是否正确反映了它，而实践具有把主观认识和客观事物联系起来的特性，能够检验主观认识是否符合客观事物，从而检验认识是否具有真理性。

相关链接

20 世纪初，西方有学者断言中国没有第四纪冰川。对此，李四光的回应是“让事实说话”。1921 年，李四光在今河北、山西一带发现了第四纪冰川遗迹，但这些发现遭到一些外国专家的傲慢否定。李四光没有因此丧失信心，继续带领学生在太行山、九华山、天目山等地进行实地科考，进而发现了更翔实的证据，最终推翻了外国专家的错误结论。

实践是认识的目的。认识从实践中来，最终还要回到实践中去。认识本身不是目的，改造世界才是认识的目的。人们从实践中获得认识，不是为认识而认识，而是为实践服务、指导实践，以满足人们生产和生活的需要。如果有了正确的认识却脱离实践，不为实践服务，那么这种认识就失去了实际意义。

2. 实践与认识的辩证运动

阅读与思考

门捷列夫是俄国著名科学家，他发现并总结了元素周期律，并据此制作了元素周期表。在此之前，人们就发现了一些化学元素，但尚未弄清各种化学元素之间的关系，相关知识比较零散。门捷列夫不仅按照元素周期律排列已经发现的元素，而且大胆地为尚待发现的元素留出了位置。后来，科学界根据元素周期表发现了几种新元素，它们的化学特性符合元素周期表的预测。

- 元素周期表的诞生和完善说明了什么？对我们有什么启发？

实践决定认识，认识对实践具有反作用。人们认识事物的过程，是一个从实践到认识，再从认识到实践的无限发展的过程。

从实践到认识，是认识过程的第一次飞跃。在这个过程中，人的认识活动主要表现为在实践的基础上由感性认识到理性认识的飞跃，也就是“从生动的直观到抽象的思维”。

相关链接

蒸汽使壶盖震动

苹果落地

感性认识和理性认识是认识过程的两个不同阶段。感性认识是人们由感觉器官直接感受到的关于事物的外部属性的认识。理性认识是人们借助抽象思维，在概括整理大量感性材料的基础上，达到关于事物的本质和规律的认识。人们看到水烧开、壶盖震动这一现象，是感性认识；认识到其背后蒸汽能量转化为机械功的过程，则是理性认识。人们观察到苹果落地这一现象，是“生动的直观”，属于感性认识；发现苹果落地现象背后的万有引力定律，则是“抽象的思维”作用的表现，属于理性认识。

从认识到实践，是认识过程的第二次飞跃。在这次飞跃中，第一次飞跃所形成的认识被用来指导实践并接受实践的检验。正确的认识得到证实和发展，错误的认识被纠正或推翻。

实践与认识的辩证运动，是一个循环往复、不断深化的上升过程。实践是永恒的、不断发展的。在把认识付诸实践的过程中，总会遇到新的情况，发现新的问题，形成新的认识。变革客观现实的实践一次又一次地向前，人们对于客观现实的认识也就一次又一次地深化。客观现实世界的运动变化永远没有完结，人们在实践中对于真理的认识也就永远没有完结。

> 一个正确的认识，往往需要经过由物质到精神，由精神到物质，即由实践到认识，由认识到实践这样多次的反复，才能够完成。
>
> ——毛泽东

启思导行

对任何事物的认识都不是一蹴而就的，都要经过一个不断深化的过程。

- 结合你的经历，谈一谈你对所学专业认识的变化过程。

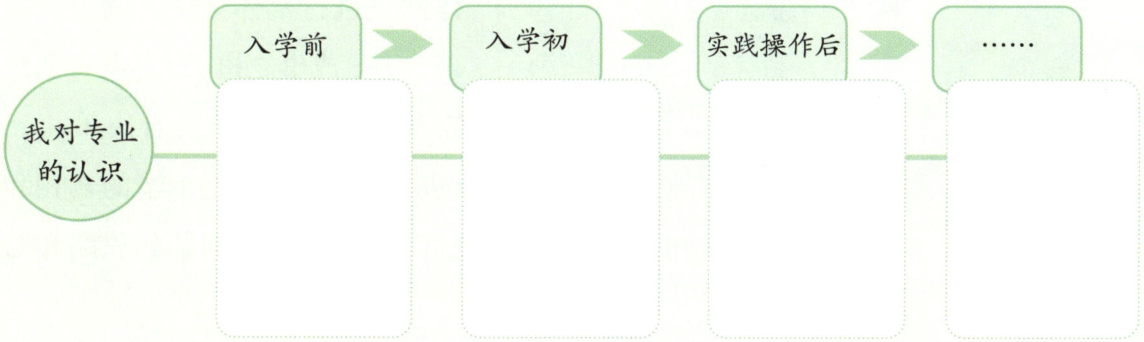

二、坚持实践第一的观点

1. 理论联系实际

阅读与思考

据《史记·廉颇蔺相如列传》记载：战国时期，赵国有一个人叫赵括，他从小熟读兵书，酷爱谈论军事，连身经百战的父亲也辩不过他。赵括因此觉得打仗很容易，父亲却很担忧，特意叮嘱赵母，将来千万不要让赵括带兵打仗。公元前 260 年，秦国和赵国在长平一带发生战争，赵王不听赵母劝阻，任命赵括为大将。没有多少实际作战经验的赵括，在战争中连连失利，致使 40 多万赵军尽被歼灭，自己也在突围中被射死。有人认为，这就是成语“纸上谈兵”的由来。

- “纸上谈兵”的历史故事体现了什么哲学道理？对你有什么启发？

实践与认识的辩证关系要求我们坚持理论联系实际。认识的目的不仅在于解释世界，更重要的在于改造世界，认识为实践提供理论指导，解决现实中的实际问题。

理论联系实际，要学懂弄通理论、掌握思想真谛，避免脱离理论的经验主义。经验主义轻视理论，夸大经验的作用，把局部经验当作普遍真理，在实际工作中狭隘保守、目光短浅。科学的理论是我们认识世界、改造世界的强大思想武器。我们要加强理论学习，把感性的经验不断上升为更具条理性、综合性的理论，用科学的理论指导具体实践。

> 理论一旦脱离了实践，就会成为僵化的教条，失去活力和生命力。实践如果没有正确理论的指导，也容易“盲人骑瞎马，夜半临深池”。
>
> ——习近平

理论联系实际，要深入调查研究、了解实际状况，避免脱离实际的教条主义。教条主义把书本上的个别词句当作僵化的教条，生搬硬套，拒绝对具体问题进行具体分析。调查研究是谋事之基、成事之道，没有调查就没有发言权，没有调查就没有决策权。我们要重视调查研究，对客观实际情况进行深入了解，把事情的真相和全貌调查清楚，把问题的本质和规律把握准确，把解决问题的思路和对策研究透彻。

相关链接

1941 年，毛泽东在《〈农村调查〉的序言和跋》一文中，对没有深入调研却好发议论的人提出尖锐批评。他指出：“有许多人，‘下车伊始’，就哇啦哇啦地发议论，提意见，这也批评，那也指责，其实这种人十个有十个要失败。因为这种议论或批评，没有经过周密调查，不过是无知妄说。”

中国共产党坚持把马克思主义基本原理同中国具体实际相结合、同中华优秀传统文化相结合，坚持实践是检验真理的唯一标准，坚持一切从实际出发，不断推进马克思主义中国化时代化，创立了毛泽东思想，创立了邓小平理论，形成了“三个代表”重要思想，形成了科学发展观，创立了习近平新时代中国特色社会主义思想。在中国共产党的坚强领导下，在马克思主义的指引下，中华民族迎来了从站起来、富起来到强起来的伟大飞跃。这是理论联系实际的生动写照。

2. 知行合一

阅读与思考

自 1997 年起，中央宣传部、教育部、共青团中央、全国学联等单位联合发文，开展全国大中专学生志愿者暑期文化科技卫生“三下乡”社会实践活动。20 多年来，“三下乡”社会实践活动成为当代青年学生受教育、长才干、作贡献的重要一课，对于青年学生深入社会、了解国情、增长才干十分有益。

指导小朋友制作折纸花

开展义诊活动

保护环境行动

给群众修理电器

- 你参加过哪些类似的社会实践活动？谈谈这些活动对你成长的帮助。

实践与认识的辩证关系要求我们做到知行合一。我们既要主动学习各种知识，又要将学到的知识运用于实践。

我们要广泛吸收书本知识。要多读书、读好书、善读书，把读书学习当成一种生活习惯、人生态度和精神追求。只有认真读书，把道理真正弄懂了，行动才能自觉持久。

我们不能做坐而论道的清谈客，而要做起而行之的行动者。要在认真学习的基础上行动起来，真正把自己所学落到实处。只有行动上落实了，对道理的领悟才能更深入。

> 天下事有难易乎？为之，则难者亦易矣；不为，则易者亦难矣。
>
> ——彭端淑

相关链接

魏晋时期，战乱不断，但士族名流不问国事，不言民生，空论玄理，虚谈废务。后人批评两晋因此败亡。习近平知古鉴今，强调“空谈误国，实干兴邦”，要大力弘扬实干精神，勉励人们真抓实干，埋头苦干。

知行合一要求我们在学习和工作中，坚持做中学、学中做，学以致用、用以促学、学用相长，做到以知促行、以行促知。我们还要将自己所学与社会需要统一起来，将个人成才与国家发展统一起来，将知识学习、能力培养与道德修养结合起来，实现个人、社会和国家的有机统一。

启思导行

在专业实操活动后，班级召开了“知行合一助成长”交流分享会。面对活动中遇到的一些困难和问题，大家集思广益，共同寻找解决办法。

面点制作

超市收银服务

● 填写下表，梳理发言要点。

活动	困难或问题	解决方案

第8课
在实践中提高认识能力

为什么水会往低处流？为什么木头会浮在水面上而石头却会沉到水里？为什么月亮围着地球转、地球绕着太阳转？大千世界，纷繁复杂，变化多端。千百年来，人们不断地探索着世间万物的奥秘，不断地发现未知、追寻真知。学习本课，我们将了解现象与本质的辩证关系，懂得必须透过现象认识本质，识别真象与假象，在明辨是非、追求真理的过程中，不断提高认识能力，提升人生境界。

一、透过现象认识本质

1. 现象与本质的辩证关系

阅读与思考

张永忠是重庆市某汽车股份有限公司发动机维修高级技师。他将“望闻听切”的独门绝技应用于发动机维修，被称为汽修行业的“老中医”。“望”就是查看发动机外观及其内部结构，“闻”是闻汽车尾气味，“听”是听发动机运转的声响，“切”是找到原因，再加以综合分析，制订合理的维修方案。这套张永忠自创的发动机排障法大幅提升了行业发动机调修水平和效率，被命名为“重庆市职工经典操作法”。

张永忠正在“诊断”汽车发动机

- 张永忠为什么能够准确找出机器故障部位？

世界丰富多彩，事物各有不同。事物都有自己的现象和本质，是现象和本质的统一体。

如果事物的表现形式和事物的本质会直接合而为一，一切科学就都成为多余的了。

——马克思

现象与本质是相互区别的。现象是事物的外部联系和表面特征，是个别的、易变的东西，是事物本质的外在表现。本质是事物的根本性质，是同类现象中一般的、相对稳定的东西，是事物各要素之间的内在联系。

相关链接

太阳东升西落是现象，地球自西向东自转才是本质；北极冰川加速融化是现象，温室效应加剧才是本质；闪电和雷鸣本质上是同时发生的，但我们看见的是闪电先于雷鸣这种现象……事物的现象与本质是有区别的，认识了现象不等于认识了本质。

极地中逐渐融化的冰川

人对事物、现象、过程等等的认识深化的无限过程，从现象到本质、从不甚深刻的本质到更深刻的本质。

——列宁

现象与本质又是相互依存的。本质决定现象，现象的存在与变化，归根到底依赖于本质。现象表现本质，本质总是通过一定的现象表现出来。不表现为现象的本质或不表现本质的现象，都是不存在的。

2. 透过现象认识本质，提高认识能力

阅读与思考

以前，人们一直认为物体下落快慢由物体质量决定，即物体越重下落越快。但伽利略在“自由落体实验”中发现，两个不同质量的铁球在一定条件下会同时落地，物体下落速度不只是和物体质量有关。

- 伽利略的发现给我们什么启示？

认识事物不能只看表面现象，只有把握了事物的本质，才能真正认识事物。而本质深藏于事物内部，必须透过现象认识本质。

透过现象认识本质，需要掌握大量的现象。现象是入门的先导，认识事物只能从认识它的现象开始。由于现象是复杂多变的，要透过现象认识本质，需要综合考察事物的各种现象，不可道听途说或是想当然，也不能仅凭一些局部的、片面的、个别的现象就轻率地下结论。

相关链接

大数据分析在很多行业得到了广泛运用。大数据分析可以完成人工统计无法搜集、整理的海量数据，可以在占有巨量数据的基础上更加全面、综合、准确地分析事物发生发展的规律。通过大数据分析，人们可以透过纷繁复杂的现象，把握事物背后本质性和规律性的东西。

2021年12月15日，位于贵州的气象大数据云平台“天擎”正式业务化运行，面向全国提供数算一体平台化服务。这标志着我国气象部门向着业务与研发高度集约的“云+端”新业态迈出关键性一步，全国气象数据将“海纳百川”，更好实现“天有可测风云”。

位于贵州都匀的天气雷达站

透过现象认识本质，需要充分发挥主观能动性，运用科学的思维方法，对大量现象以及现象之间的关联进行科学的分析和研究，做到“去粗取精、去伪存真、由此及彼、由表及里”。

> 分析经济形式，既不能用显微镜，也不能用化学试剂。二者都必须用抽象力来代替。
>
> ——马克思

相关链接

去粗取精：对于分析事物的本质和规律来说，人们掌握的大量现象，有的比较重要，有的比较次要，需要进行分析和筛选。

去伪存真：人们掌握的大量现象，有的可能是真实的，有的可能是虚假的，需要进行分析和甄别。

由此及彼：人们掌握的大量现象，往往是个别的、彼此分离的，需要把它们综合起来进行思考，从总体上进行研究。

由表及里：人们掌握的大量现象，是事物本质的外在表现，需要从外部深入到隐藏在内部的联系和规律。

启思导行

常言道：“耳听为虚，眼见为实”。但学习了现象和本质的关系后，有的同学对此产生了怀疑，认为眼见也不一定为实。

- 对此你有何看法？举例证明你所支持的观点。

二、明辨是非，追求真理

1. 学会识别真象与假象

阅读与思考

“东方云海空复空，群仙出没空明中。荡摇浮世生万象，岂有贝阙藏珠宫。”这是苏东坡在《登州海市》中描写的海市蜃楼景象，这里所说的登州包括今天的山东蓬莱。

自古以来，海市蜃楼就为人们所关注。我国古代把它看成仙境，秦始皇就曾派人前往蓬莱寻访仙境，寻求灵丹妙药。现代科学证明，海市蜃楼是光线经过不同密度的空气层时发生显著的折射或全反射，把远处景物显示在空中或地面而形成的各种奇异景象。

以“人间仙境”著称的蓬莱，常有海市蜃楼奇观

- 人们对海市蜃楼现象的认识说明了什么？

现象表现本质具有复杂性和多样性。事物的现象是复杂多样并且不断变化的，经常存在着真假混淆的情况，容易给人造成错觉。我们需要辨别事物的真象和假象，不要被假象迷惑双眼。

相关链接

我们在生活中总要接触各种各样的人，同伴交往是青年学生生活中的重要内容。有人和朋友共同成长，有人却因为交友误入歧途。究竟什么样的朋友才是真正的朋友？孔子曾明确提出“益者三友”“损者三友”，古语还有“日久见人心”“知人知面不知心”等说法。这都说明我们在社会交往中要学会分辨真假，辨别出谁才是真正值得交往的人。

真象和假象都是事物本质的表现。现象表现本质的形式是多种多样的，既有直接表现本质的，也有间接表现本质的；既有从正面表现本质的，也有从反面表现本质的。真象是以正面的形式表现本质，假象是以反面的、歪曲的形式表现本质。

相关链接

1946 年 6 月，国民党部队进攻中原解放区，全面内战爆发。当时，由于国民党部队在军队数量、军事装备、后勤补给和外来援助上都明显超过中国共产党领导的人民军队，一些人对人民军队能否取得胜利心存怀疑。1946 年 8 月，毛泽东在同美国记者安娜·路易斯·斯特朗的谈话中，提出“一切反动派都是纸老虎”，认为一切反动派在人民正义力量面前都是“纸老虎”，真正强大的力量不是属于反动派，而是属于人民。毛泽东一语中的，戳穿了美蒋反动派外强中干的面目。历史证明，这一论断是正确的。人民解放军势如破竹，打败了国民党及其支持者美国反动派，三年多时间就取得了解放战争的全面胜利。

在社会生活中，是非善恶并没有黑白分明的标签。我们需要学会理性分析、判断，识别真象与假象，把握本质，明辨是非，区分善恶；懂得自己应该做什么，不应该做什么，自觉抵制不良诱惑，遵纪守法，扬善抑恶。

相关链接

认识事物的本质不易，不仅因为事物本身是复杂多变的，还因为人们的认识受到客观过程的发展及其表现程度的限制。在认识过程中，我们要实事求是地观察现象，防止个人情感等非理性因素的消极影响；要辩证地把握事物，切忌停留于表面现象，不深入本质；更为重要的是，要深入调查研究，在实践中增强“眼力”，不断提高认识能力，正确辨别真象和假象，识真伪、辨曲直。

2. 在追求真理中提升人生境界

阅读与思考

1920 年年初，在浙江义乌的一个小山村，陈望道在家里专心致志地翻译《共产党宣言》。为了翻译好这本马克思主义的经典著作，陈望道夜以继日地钻研，字斟句酌，反复推敲，力求贴切、精准、生动。

一天，陈望道的母亲特意包了粽子，并叮嘱他吃粽子时记得蘸红糖水。过了一会儿，母亲在门外问：“粽子吃了吗？”他答道：“吃了吃了，甜极了。”母亲进门一看，只见他正埋头写书，嘴上全是墨汁。原来，陈望道过于聚精会神，竟错把墨汁当作红糖水，吃完也浑然不觉。

2020 年 8 月，《共产党宣言》中文全译本出版一百周年（1920—2020）纪念邮票发行

经过两个多月的呕心沥血，《共产党宣言》中文译稿终于完成。这就是有名的“真理的味道非常甜”的故事。

- 为什么说“真理的味道非常甜”？这个故事给我们什么启示？

真理是符合客观事物的认识，是对客观事物及其发展规律的正确反映。谬误是背离客观事物的认识，是对客观事物及其发展规律的歪曲反映。

> 我们要以科学的态度对待科学，以真理的精神追求真理，不断赋予马克思主义以新的时代内涵。
>
> ——习近平

坚持和发展真理，必须同谬误作斗争。追求真理的过程不是一帆风顺的，有时候，追求真理会付出很大的代价，甚至失去生命。我们要不畏艰险，勇往直前，在实践中不断认识和发展真理，做真理的追求者、捍卫者、践行者。

相关链接

在建立新中国的伟大征程中，许多革命先烈为了追求真理，抛头颅、洒热血，杀身成仁，舍生取义。李大钊用自己的生命践行了“人生最高之理想，在求达于真理”的庄严信条。夏明翰在就义前写下了“砍头不要紧，只要主义真。杀了夏明翰，还有后来人”的豪言壮语。方志敏身陷囹圄仍然坚守“敌人只能砍下我们的头颅，决不能动摇我们的信仰”的忠贞誓言。

李大钊　夏明翰　方志敏

真理指引人类社会前行，照亮人生发展道路。人类在探索真理的过程中，不断深化着对自然界、人类社会、人自身的认识，引领和推动着社会实践的发展和进步。在人生的道路上，真理指引我们朝着正确方向不断前行，追求真理的过程也是人生境界不断提升的过程。我们要在对真理的不懈追求中，不断完善自我，实现人生价值。

启思导行

当今是一个信息爆炸的时代，我们可以通过各种途径获取大量信息。这一方面方便了我们的生活，另一方面也使我们面临着各类信息真假难辨、良莠不齐的问题。

- 结合身边发生的事情和大家分享，具体说明你如何辨别信息的真伪、好坏、有效无效等。

第9课
创新增才干

习近平指出："变革创新是推动人类社会向前发展的根本动力。谁排斥变革，谁拒绝创新，谁就会落后于时代，谁就会被历史淘汰。"创新对社会发展和个人生活具有怎样的作用？应该如何在实践中创新？学习本课，我们将理解创新的重要性，学会立足实践进行创新活动，在创新实践中增长才干。

一、创新是引领发展的第一动力

1. 创新精神是中华民族最鲜明的禀赋

阅读与思考

造纸术、指南针、火药、印刷术是众所周知的中国古代四大发明。除此之外，中国古代还有很多创新成果。例如，明朝宋应星所著，被称为"中国17世纪的工艺百科全书"的《天工开物》，就收录了诸如制陶、造纸、制造火药、纺织、染色、制盐、采煤、榨油等生产创新技术。

英国著名科学技术史专家李约瑟所著的《中国科学技术史》一书，在第一卷中列举中国的"西传技术"时，从字母A一口气排到字母Z。他说："我写到这里用了句点，因为26个字母都已用完了，但还有许多例子，甚至重要的例子可以列举。"

贵州丹寨的古法造纸，其工艺流程与《天工开物》的记载基本一致

● 查阅相关资料，找找中国历史上除四大发明以外的创新成果。

创新是人类特有的认识能力和实践能力，是人的主观能动性的高级表现形式。创新是一个民族进步的灵魂，是一个国家兴旺发达的不竭动力。纵观历史发展，人类的一切文明成果，都是创新精神的果实，都是创新智慧的结晶。

中华民族是富有创新精神的民族。我们的先人们很早就提出了"苟日新，日日新，又日新""穷则变，变则通，通则久"等强调创新与变革的思想观念。在历史的漫漫长河中，变通求新、革故鼎新、与时俱进、与日偕新等思想观念逐渐积淀为中华民族最鲜明的民族禀赋。

相关链接

在庆祝改革开放40周年大会上，习近平深刻指出："自古以来，中国大地上发生了无数变法变革图强运动，留下了'治世不一道，便国不法古'等豪迈宣言。"习近平引用的这句古语，出自《史记·商君列传》中记载的商鞅与政敌辩论时的一段话，意思是治理国家没有一成不变的办法，只要有利于国家，就不一定非要拘泥于古法旧制。以数千年大历史观之，变革和开放总体上是中国的历史常态，有着深远的历史渊源、深厚的文化根基。如今，中华民族正以改革开放的姿态继续走向未来。

勇于创新的民族禀赋成就了辉煌灿烂的中华文明。中华民族凭着伟大的创新精神，使中华文明成为人类历史上唯一一个绵延5 000多年至今未曾中断的灿烂文明。也正是凭借这种伟大的创新精神，中华文明一度走在人类文明发展的前列，在思想文化、社会制度、经济发展、科学技术以及其他许多方面，对周边发挥了重要的辐射和引领作用。中华文明对世界文明进步作出了巨大贡献，产生了深远影响。

相关链接

我国古代在天文历法、数学、农学、医学、地理学等众多领域取得举世瞩目的成就。这些发明创造同生产紧密结合，为农业和手工业发展提供了有力支撑。资料显示，16世纪以前，在世界上最重要的300项发明和发现中，我国占173项，远远超过同时代的欧洲。此外，在文学艺术领域，中国为世界贡献了唐诗、宋词、元曲等诸多人类文明宝库里的瑰宝。

2. 创新是新时代的迫切要求

阅读与思考

近年来，个别国家制定多部法案，在新兴和基础技术领域，对我国进行出口限制和技术封锁，涉及高端光刻机、芯片制造、核心工业软件、机器人核心算法等众多关键技术。

关键核心技术是要不来、买不来、讨不来的。只有把关键核心技术掌握在自己手中，才能从根本上保障国家科技安全、经济安全和其他安全。我们需要针对产业薄弱环节，实施好关键核心技术攻关工程，尽快解决一批"卡脖子"问题。

- 结合材料和生活实际，谈谈新时代我国为什么高度重视自主创新。

创新能力是当今国际竞争新优势的集中体现。在科技高速发展的今天，创新能力越来越成为影响一个国家国际竞争力和国际地位的重要因素。惟创新者进，惟创新者强，惟创新者胜。面对全球新一轮科技革命和产业变革，谁走好了科技创新这步“先手棋”，谁就能拥有引领发展的主动权。

只有创新才能自强、才能争先，要坚定不移走自主创新道路，把创新发展主动权牢牢掌握在自己手中。

——习近平

相关链接

每一次科技和产业革命都深刻改变了世界发展面貌和格局。一些国家抓住了机遇，经济实力、科技实力、军事实力迅速增强，甚至一跃成为世界强国。18 世纪 60 年代，英国率先进行了工业革命，成为世界上首个现代工业大国。在第二次工业革命中，欧美国家纷纷完成电气化革命，跻身世界工业强国。第二次世界大战后，以信息化为标志的第三次工业革命推动一些国家经济社会发展驶入快车道，以美国为代表的欧美发达国家发展迅速，美国甚至一跃成为世界头号强国。

创新使我国经济社会发展取得巨大成就。新中国成立以来，特别是改革开放以来，中国共产党领导人民，积极推动理论创新、制度创新、科技创新、文化创新等各方面创新，创造了世所罕见的经济快速发展奇迹和社会长期稳定奇迹。中国人民以往取得的卓越成就靠创新，中国人民在全面建设社会主义现代化国家的新征程中，依然要靠不断创新。

相关链接

2022 年 1 月 6 日，北京冬奥列车亮相京张高铁

我国高铁发展进入快车道，发展速度之快、质量之高令世界惊叹。我国高铁运营里程世界最长：到 2023 年年底，高铁运营里程达到 4.5 万千米，稳居世界第一。商业运营速度世界最快：我国是世界上唯一实现高铁时速 350 千米商业运营的国家，树起了世界高铁商业化运营标杆，向世界展示了“中国速度”。运营网络通达水平世界最高：我国高铁跨越大江大河、穿越崇山峻岭、通达四面八方，高铁已覆盖全国 95% 的 50 万人口以上的城市。形成了具有自主知识产权的世界先进高铁技术体系：我国高铁技术水平总体进入世界先进行列，部分领域达到世界领先水平，迈出了从追赶到领跑的关键一步。高铁已成为中国铁路高质量发展的亮丽名片。

创新是我国赢得未来的必然要求。今天，我国经济总量已跃居世界第二，但大而不强、臃肿虚胖体弱问题依然突出，主要体现在自主创新能力不强，这是我国这个经济大块头的“阿喀琉斯之踵”。通过创新引领和驱动发展已经成为我国发展的迫切要求。抓创新就是抓发展，谋创新就是谋未来。我们必须把创新作为引领发展的第一动力，坚持创新在我国现代化建设全局中的核心地位。

相关链接

“阿喀琉斯之踵”被用来形容强大事物的软肋。阿喀琉斯是荷马史诗《伊利亚特》中的英雄。据说，在阿喀琉斯出生时，母亲把他浸泡在冥河中，以使其周身刀剑不入、百毒不侵。因冥河水流湍急，母亲紧紧捏住他的脚后跟不敢松手，于是露在水外的脚后跟没有浸到河水，成为他致命的弱点。后来，在一场战斗中，阿喀琉斯被敌人的毒箭射中脚后跟，不治而亡。

启思导行

每个行业在发展过程中，都有一些推动行业发展的关键革新。

- 查阅资料，选取一个和所学专业相关行业的革新案例，谈谈它对行业发展的意义。

二、积极投身创新实践

1. 树立创新意识

阅读与思考

“创客”原指被改造成家庭制造车间的车库和地下室。由于很多知名企业都经历过“车库创业期”，所以，“创客”具有白手起家、草根创业的含义，泛指那些勇于创新、努力把创意变为现实的人。创客们一般既有拿手的本领，也有创业的热情。他们愿意把那些在他人看来不可能的想法变成现实。创客文化是一种积极进取的创业文化，充分展示了大众创业、万众创新的活力。

- 结合材料，联系生活实际和专业背景，谈谈怎样才能成为一名“创客”。

创新意识是创新主体创造新事物或提出新观念的动机或意愿，是人的主观能动性的表现，是人们进行创造活动的内在动力。具有创新意识的人会推崇创新、追求创新、以创新为荣。

坚定创新自信。创新并不神秘，不是只有科学家、发明家等少数人才能做到的事情。创新有大有小，内容和形式各不相同，人人皆创客，事事可创新。我们每个人都可以立足专业和岗位实际，做勇于创新的实践者。

青年是社会上最富活力、最具创造性的群体，理应走在创新创造前列。

——习近平

增强问题意识。问题是创新的起点，也是创新的动力源。以问题为导向推动创新发展，就是不断发现新问题、提出新方法、找到新途径的过程。每个人都是在不断发现问题、解决问题、总结经验中成长进步的。我们要不断增强问题意识，对事物抱有强烈的好奇心，善于观察、深入思考、勇于探索。

要创新，就要有强烈的创新意识，凡事要有打破砂锅问到底的劲头，敢于质疑现有理论，勇于开拓新的方向，攻坚克难，追求卓越。

——习近平

相关链接

学习要有问题意识和敢于质疑的精神。古人就重视质疑精神对于学习的重要性，认为“学起于思，思源于疑”。宋朝朱熹提出，“读书无疑者，须教有疑。有疑者，却要无疑，到这里方是长进”。明朝陈献章认为，“学贵知疑，小疑则小进，大疑则大进。疑者觉悟之机也，一番觉悟，一番长进”。这些都体现了质疑的重要性。

敢于突破常规。创新就是要突破条条框框的束缚，打破思想禁锢，突破传统观念。要敢为人先，敢闯敢干，做别人没有做过的事，走前人没有走过的路；要敢于跳出思维定式，尊重但不盲从权威，锐意进取，勇立潮头，做时代的弄潮儿。

2. 增强创新本领

阅读与思考

“全国劳动模范”周国庆是某重型机械制造公司小件加工组组长、高级技师。他结合工作实际，自修理论知识，在生产实践中加以摸索、总结和运用，不断进行工艺和技术方面的创新，完成技术革新和技术改进20余项，提高了工效，降低了成本，创造了可观的经济效益。

周国庆在承接某项目时，有一个重要零件，利用公司现有设备无法完成。他大胆创新，改进并自制生产工具，成功解决了加工难题，产品经质量检验100%合格，满足了用户需求，为公司赢得了效益和信誉。

- 结合周国庆的经历，谈谈对你立足专业进行创新的启示。

夯实创新的知识基础。创新是建立在扎实的知识基础之上的，脱离知识基础，缺乏知识积淀，盲目追求创新，只会陷入不切实际的空想或者蛮干当中。作为未来的创新主力军，我们要认真学习基础理论知识和各项专业知识，为创新打好坚实基础。

提高创新思维能力。创新思维特指人们在实践中有所发现、有所发明的思维活动，即开拓人类认识新领域，开创人类认识新成果的思维活动，它往往表现为发明新技术、形成新观念、提出新方案、创建新理论等。人的创新能力不是与生俱来的，它是可以通过学习和训练得以提高的。要创新就必须学习和掌握科学思维方法。科学思维是能够创造性地解决问题的思维，创新思维是综合运用多种思维方法的结果。要在学习和生活实践中不断提高自己的创新思维能力。

相关链接

一直以来，故宫给人们的印象是满目珍宝的博物馆，是历史悠久、气势磅礴的古建筑。如今，我们谈起故宫，不只有威严肃穆的大殿，还有“萌萌哒”的故宫娃娃，仿古的朝珠耳机，网红故宫口红，《我在故宫修文物》《国家宝藏》的纪录片，等等。

近年来，故宫博物院立足传统，开拓创新，融合现代人的时尚理念，运用科学技术手段，打造出深受大众喜爱的故宫元素文创产品，举办了一系列别出心裁的展览活动。在文化创新实践的驱动下，古老的故宫文化焕发出新的生机和活力。

投身创新实践。当代青年置身以中国式现代化全面推进中华民族伟大复兴的新时代新征程中，改革开放的伟大实践为广大青年创新创造提供了广阔的舞台。青年学生风华正茂，思维敏捷、好奇心强、求知欲盛，要充分挖掘自身蕴藏的巨大创造能量和活力，把个人的创新实践与国家战略需求导向结合起来，不断增强自主创新能力，以时不我待、只争朝夕的紧迫感，投身改革创新的伟大实践中。

生活从不眷顾因循守旧、满足现状者，从不等待不思进取、坐享其成者，而是将更多机遇留给善于和勇于创新的人们。

——习近平

启思导行

在日常生活中，一些看似无用的废旧物品，经过精心设计和加工之后，会变成实用美观的生活用品。看看下图变废为宝的“小创意”吧！

书包（废布头等）

摩天轮（瓶盖等）

孔雀（羽毛球等）

● 你曾做过哪些创意作品？可以在班级展示交流，谈谈自己的体会。

内容概览

- 实践出真知 创新增才干
  - 第 7 课 实践出真知
    - 人的认识从何而来
      - 实践是认识的基础
      - 实践与认识的辩证运动
    - 坚持实践第一的观点
      - 理论联系实际
      - 知行合一
  - 第 8 课 在实践中提高认识能力
    - 透过现象认识本质
      - 现象与本质的辩证关系
      - 透过现象认识本质，提高认识能力
    - 明辨是非，追求真理
      - 学会识别真象与假象
      - 在追求真理中提升人生境界
  - 第 9 课 创新增才干
    - 创新是引领发展的第一动力
      - 创新精神是中华民族最鲜明的禀赋
      - 创新是新时代的迫切要求
    - 积极投身创新实践
      - 树立创新意识
      - 增强创新本领

学以致用

投身创新实践　展现时代新人的精神风貌

▶活动目标

1. 理解实践与认识的辩证关系，明确透过现象认识本质的重要性，领悟实践出真知的道理。

2. 坚持实践第一的观点，倡导理论联系实际，坚持明辨是非。

3. 能够在实践中做到知行合一，不断提升认识水平，掌握实践方法，增长才干；在认识事物时注意识别真象假象，在揭示事物本质的过程中不断提高认识事物的能力；积极投身创新实践，展现新时代青年追求真理、积极进取的良好精神面貌。

▶活动任务与建议

任务一：以“人的正确思想是从哪里来的”为议题，探讨实践对认识的决定作用

1. 劳动技能巧学习。可结合现有条件，班级组织一次劳动实践体验活动，如清洁、做饭等家务劳动，专业实训活动，或田间劳作、学雷锋等社会实践活动，写出实践前和实践后的认识变化，体会认识来源于实践和实践出真知的道理。

劳动项目		劳动时间		劳动形式	
实践前			实践后		
我的原有认识:	我的行动打算:		我的劳动作为:	我的现有认识:	
从认识来源于实践、实践出真知的哲学视角谈一谈本次劳动体会:					

2. 理论实操辩论会。可组织一场关于理论学习与实操活动关系的辩论会。针对学生当中存在的“应该先学后做，先理论学习后实操训练”和“应该先做后学，先实操训练后理论学习”两种观点展开辩论，双方各自寻找理论支撑、实例佐证。通过辩论，深入理解实践与认识辩证统一的道理。

3. 创新成果展示会。可在班级组织一场创新成果展示会。将自己运用创新思维解决实际问题的创新成果进行展示。成果可以是实物发明，也可以是方法创意，展示形式多样。

任务二：以“为什么眼见不一定为实”为议题，探讨现象与本质的辩证关系

1. 慧眼识真。可举办一场互动求证类的班会活动。各组课前搜集日常生活中容易以假乱真的社会现象，在班会上通过展示“真相调查视频”或者“现场真假实验”的方式辨别真伪。

真相调查视频

不吃晚饭能减肥

少吃甜食就可预防糖尿病

不放油也能炒出美味菜肴

……

现场真假实验

吹气也能让气球燃爆

透明板也可遮住物体

水袋扎上铅笔就会漏水

……

2. 公益助行。可在班级组织反诈宣传公益活动。活动分为两个环节。第一个环节，了解欺诈行为，掌握反诈方法，分组调查生活中的欺诈行为，分析其欺诈特征，掌握甄别欺诈和反欺诈的手段。第二个环节，通过分组制作反诈宣传视频、反诈海报等形式，进行反诈公益宣传，帮助大家增强反诈意识，掌握反诈方法。

▶活动评价

评价内容	评价人员	评价方式	评价维度						总结反思
			语言表达	问题分析	事件处理	成果呈现	个人状态	团队合作	

说明：

- 评价人员：本人、同学、家长、教师等。
- 评价方式：采用赋分评价、评语结论评价等。
- 评价维度：语言表达是否清晰准确，问题分析是否全面准确，事件处理是否恰当，成果呈现是否完整，个人状态是否积极，团队合作是否有效。
- 总结反思：从成效、改进措施等方面进行。

第四单元

坚持唯物史观 在奉献中实现人生价值

社会历史现象扑朔迷离、纷繁复杂，认识社会、认识历史可以帮助我们更好地认识世界和认识自我。是社会存在决定社会意识，还是社会意识决定社会存在？历史是人民群众创造的还是英雄人物创造的？探讨和回答上述问题，有助于我们树立唯物史观，理解自我价值和社会价值的关系，广泛践行社会主义核心价值观，在奉献社会中实现人生价值。

第10课 人类社会及其发展规律

从刀耕火种到现代文明，人类社会的漫长历程有无规律可循？其发展的基础和动力是什么？马克思主义在人类历史上第一次科学、系统地回答了上述问题。学习本课，我们将理解物质生产活动在人类社会中的基础性作用，认识社会历史发展的规律，顺应时代潮流，将人生发展与社会进步紧密结合起来。

一、人类社会的存在与发展

1. 物质生产活动是人类社会存在和发展的基础

阅读与思考

马克思说，“任何一个民族，如果停止劳动，不用说一年，就是几个星期，也要灭亡”。习近平指出，“劳动是人类的本质活动”“劳动是推动人类社会进步的根本力量”“人世间的一切幸福都需要靠辛勤的劳动来创造”。

田间劳动

牧区放牧

工厂劳动

● 结合生活实际，谈谈你对上述材料的理解。

物质生产活动是人类社会赖以存在和发展的基础。人们为了生存，首先要获取吃、穿、住、用、行等所需要的生活资料。因此，第一个历史活动就是物质生活资料的生产。只要人类社会存在和发展，物质生产活动就一刻也不能停止。

> 个人怎样表现自己的生命，他们自己就是怎样。因此，他们是什么样的，这同他们的生产是一致的——既和他们生产什么一致，又和他们怎样生产一致。因而，个人是什么样的，这取决于他们进行生产的物质条件。
>
> ——马克思、恩格斯

物质生产活动推动着人类社会的发展。物质生产的发展，源源不断地提供生产生活所需要的物质资料，促进新的生活方式和社会交往方式的产生，在推动经济繁荣的同时生产出新的社会关系，从根本上推动着社会的进步。

相关链接

从人们在物质生产活动中所使用的工具来看，在18世纪中期之前，人类文明总体上经历了石器时代、铜器时代和铁器时代。18世纪后期到19世纪中期，蒸汽机的发明和应用，将人类带入了“第一次工业革命”——蒸汽时代。19世纪后半叶，电力设备的发明和应用，将人类带入了“第二次工业革命”——电气时代。20世纪60年代末，随着互联网技术的兴起，人类进入了信息时代。

2. 社会存在与社会意识的辩证关系

阅读与思考

经过长期努力，中国特色社会主义进入了新时代，这是我国发展新的历史方位。新时代，人们对美好生活的需要和向往越来越广泛、越来越丰富。人们追求“舌尖上的美好生活”，绿色食品成为就餐风尚；人们追求“家居里的美好生活”，智能家居、个性定制进入百姓家庭；人们追求“休闲中的美好生活”，旅游、健身、阅读、培训充电渐成潮流，博物馆、剧场门前的队伍变长了……

国家大剧院公众开放日，观众欣赏戏曲表演

- 为什么在新时代，人们对美好生活的需要和向往越来越广泛、越来越丰富？

社会生活由社会存在和社会意识两大部分构成。社会存在与社会意识的关系问题，是历史观的基本问题。对二者关系的不同回答，是区分历史唯物主义和历史唯心主义的根本依据。社会存在是指社会的物质生活条件，主要指物质生产方式，还包括自然地理环境和人口因素。社会意识是指社会的精神生活过程，包括政治、法律、道德、艺术、宗教、哲学，以及情感、风俗、习惯等。

> 人们的意识，随着人们的生活条件、人们的社会关系、人们的社会存在的改变而改变。
>
> ——马克思、恩格斯

社会存在决定社会意识。社会存在是社会意识内容的客观来源，社会意识是社会物质生活条件及其过程的主观反映。有什么样的社会存在，就有什么样的社会意识。社会存在的变化和发展，决定着社会意识的变化和发展。人们的社会意识不是一成不变的，而是有一个历史发展的过程。

社会意识具有相对独立性。社会意识与社会存在的发展具有不完全同步性与不平衡性。社会意识有时会落后于社会存在，有时又会先于社会存在而变化发展。社会经济发展水平较高的国家或地区，其社会意识的发展水平未必都是高的；某些经济水平相对落后的国家或地区，其社会意识的某些内容却可以领先于经济发达的国家或地区。

社会意识对社会存在具有反作用。先进的社会意识可以正确预见社会发展的方向和趋势，对社会发展起积极的推动作用；落后的社会意识不符合社会发展的趋势和要求，对社会发展起消极的阻碍作用。

相关链接

近代以来，中国社会的发展进步，无不与思想解放密切相关。爆发于1919年的五四运动，是一场传播新思想、新文化、新知识的伟大思想启蒙运动，实现了中国人民和中华民族自鸦片战争以来第一次全面觉醒。经过五四运动的洗礼，越来越多的中国先进分子集结在马克思主义旗帜下。1921年，中国共产党应运而生，中国人民谋求民族独立、人民解放和国家富强、人民幸福的斗争有了主心骨，中国人民从精神上由被动转为主动。1978年，党的十一届三中全会召开，拉开了我国改革开放的大幕。改革开放的历程就是不断解放思想、与时俱进的过程。40多年来，我们解放思想、实事求是，大胆地试、勇敢地改，干出了一片新天地，取得了举世瞩目的伟大成就，中华民族迎来了从站起来、富起来到强起来的伟大飞跃。

启思导行

春秋时期的思想家管子认为，“仓廪实则知礼节，衣食足则知荣辱”。对此观点，有人赞同，有人不赞同。

- 运用社会存在与社会意识的辩证关系原理，对上述观点进行小组辩论。

二、社会基本矛盾及其运动规律

1. 生产力与生产关系矛盾运动的规律

阅读与思考

商和西周是我国奴隶制社会经济发展并走向繁荣的时期。这一时期的土地掌握在君主和各级贵族手中，由农夫集体耕作。历史文献中所说的井田制是土地经营的基本方式，因土地整治规则，有沟渠灌溉、道路疆界划分，形似“井”字而得名。

春秋战国时期，铁制农具和牛耕开始使用并逐渐得到推广，极大地提高了农业生产效率，使得井田制“千耦其耘”“十千维耦”的集体劳动形式过时了，而分散的、个体的、以一家一户为单位的封建生产关系兴起了。

战国时期的铁制农具
（中国国家博物馆馆藏）

- 铁制农具、牛耕的使用和推广，为什么会导致井田制的消亡？
- 结合材料，谈谈生产工具的改进会对社会产生怎样的影响。

人们在物质生产活动中会形成特定的生产方式，包括生产力和生产关系。生产方式决定着社会的性质和面貌。生产力是人们改造自然，使之满足人的需要、促进人的发展的物质力量，其基本要素包括劳动者、劳动资料、劳动对象，其中生产工具是最重要的劳动资料。生产关系是人们在物质生产活动过程中形成的经济关系，它由生产资料所有制关系、生产中人与人的关系和产品分配关系构成。

相关链接

在生产力的基本要素中，都渗透着科学技术。马克思对科学技术的巨大作用进行了精辟的论述，认为科学技术是“历史的有力的杠杆”“最高意义上的革命力量”。在现代社会，科学技术日益成为第一生产力，极大提高了人们的生活水平，改变着社会的交往方式。科学技术应用于农业生产，极大提高了粮食产量；科学技术应用于交通运输，大大方便了生产活动和社会交往；科学技术应用于传播媒介，使人们真正做到了“秀才不出门，便知天下事”。

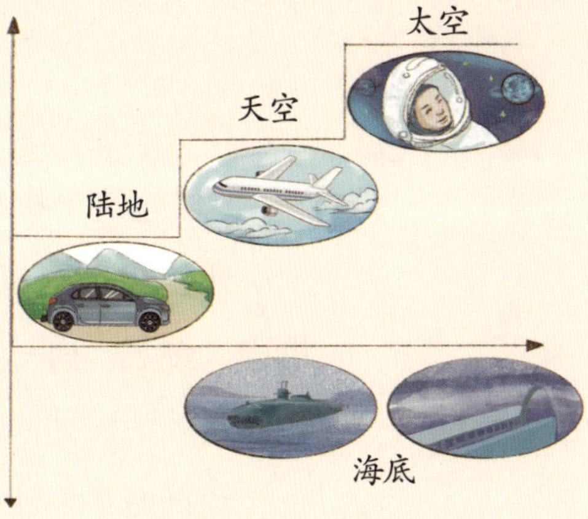

科学技术的进步使人类向更高更远更深探索

> 手推磨产生的是封建主的社会，蒸汽磨产生的是工业资本家的社会。
>
> ——马克思

生产力决定生产关系。生产力是生产方式中最革命、最活跃的因素。生产力的状况决定生产关系的性质和形式，生产力的变化、发展，迟早会引起生产关系的变革。

生产关系对生产力具有反作用。当生产关系适合生产力发展的客观要求时，就会推动生产力的发展；当生产关系不适合生产力发展的客观要求时，就会阻碍甚至破坏生产力的发展。

相关链接

发达的生产力可以创造出巨大的物质财富，但整个社会利益的分配却不直接取决于生产力，而是取决于生产关系。社会主义制度的优势不仅体现在生产力发展方面，也体现在生产关系领域。习近平指出："共同富裕是社会主义的本质要求，是人民群众的共同期盼。我们推动经济社会发展，归根结底是要实现全体人民共同富裕。"

2. 经济基础与上层建筑矛盾运动的规律

阅读与思考

在美国每四年一次的总统大选上，民主党和共和党激烈角逐，轰轰烈烈，但是无论哪个党执政，实质上都代表资产阶级的利益。

正如《共产党宣言》中所指出的，"任何一个时代的统治思想始终都不过是统治阶级的思想"。资产阶级按照自己的利益，进行了一系列的政治、经济和文化制度建设，强化自己的既得利益，维护自身的统治。

- 结合材料和具体事例，谈谈美国选举制度是如何为资产阶级利益服务的。

经济基础是指由社会一定发展阶段的生产力所决定的生产关系的总和。上层建筑是指建立在一定经济基础之上的制度、设施以及思想体系。上层建筑包括国家政治制度、立法司法制度和行政制度，以及国家政权机构、政党、军队、警察、法庭、监狱等政治组织形态和设施；上层建筑还包括政治法律思想、道德、艺术、宗教、哲学等观点。

经济基础对上层建筑起决定作用。经济基础是上层建筑赖以产生、存在和发展的物质基础，有什么样的经济基础就有什么样的上层建筑。

上层建筑对经济基础具有巨大的反作用。当上层建筑适合经济基础发展时，就会促进经济基础的巩固和完善；当它不适合经济基础状况时，就会阻碍经济基础的发展和变革。当上层建筑为适合生产力发展要求的经济基础服务时，就会成为推动社会发展的进步力量；反之，就会成为阻碍社会发展的消极力量。

经济状况是基础，但是对历史斗争的进程发生影响并且在许多情况下主要是决定着这一斗争的形式的，还有上层建筑的各种因素。

——恩格斯

相关链接

1978 年 5 月 11 日，《光明日报》发表特约评论员文章《实践是检验真理的唯一标准》，由此引发了一场关于真理标准问题的大讨论。这一讨论推动了全国性的马克思主义思想解放运动，奏响了改革开放的序曲，为具有历史转折意义的党的十一届三中全会的胜利召开作了思想准备。党的十一届三中全会之后，我们多方面地改变同生产力发展不适应的生产关系和上层建筑，开启了改革开放和社会主义现代化建设的伟大征程。

社会发展是在生产力与生产关系、经济基础与上层建筑的矛盾运动中，即社会基本矛盾的不断产生、发展和解决中实现的。在阶级社会中，社会基本矛盾的解决主要是通过阶级斗争实现的。在社会主义社会中，阶级斗争仍然在一定范围内存在，但已经不是主要矛盾。改革是解决社会主义社会基本矛盾的重要形式，是社会主义社会发展的强大动力。

启思导行

经济社会发展催生了很多新行业，使传统行业发生了新变革。为推动行业发展，国家出台了相应的政策法规。

- 查阅资料，举例说明行业政策法规与行业发展的关系。

第11课
社会历史的主体

习近平指出，“淮海战役胜利是靠老百姓用小车推出来的，渡江战役胜利是靠老百姓用小船划出来的”。怎样看待人民群众在历史发展中的作用？我们如何服务人民、奉献祖国？学习本课，我们将会懂得人民群众在历史发展中的地位和作用，懂得坚持以人民为中心的重要性，自觉树立为人民服务的意识，投身服务人民的伟大实践。

一、人民创造历史

1. 人民群众是历史的创造者

阅读与思考

沂蒙红嫂纪念馆中的陈列

革命战争年代，沂蒙山区有这样一群平凡而又伟大的女性，她们以爱党爱军、勤劳勇敢、忠诚坚忍、无私奉献的精神，哺育了革命，播撒了大爱，被人们亲切地称为“红嫂”。她们送子参军、送夫支前，缝军衣、做军鞋、抬担架、推小车，舍生忘死救伤员，不遗余力抚养革命后代，谱写了一曲曲水乳交融、生死与共的军民鱼水情乐章。据不完全统计，从抗日战争到解放战争，沂蒙红嫂共做军鞋300多万双，做军衣120多万件，碾米碾面1.2亿斤，动员参军参战20万人，救护病员6万人，掩护革命同志9万多人，为革命事业作出了巨大贡献。

- 沂蒙红嫂的感人事迹说明了什么？

人民群众是指一切对社会历史发展起推动作用的人。在不同历史时期，人民群众有着不同的内涵。在我国现阶段，全体社会主义劳动者、社会主义事业的建设者、拥护社会主义的爱国者、拥护祖国统一和致力于中华民族伟大复兴的爱国者，都属于人民群众的范围。

> 人民，只有人民，才是创造世界历史的动力。
>
> ——毛泽东

人民群众是社会物质财富的创造者。人民群众作为物质生产的承担者，创造了人们吃、穿、住、用、行所必需的生活资料。人民群众在生产实践中不断改进和发展生产工具与生产技术，促进了生产力的发展和社会的全面进步。

相关链接

在几千年历史长河中，中国人民始终革故鼎新、自强不息，开发和建设了祖国辽阔秀丽的大好河山，开拓了波涛万顷的辽阔海疆，开垦了物产丰富的广袤粮田，治理了桀骜不驯的千百条大江大河，战胜了数不清的自然灾害，建设了星罗棋布的城镇乡村，发展了门类齐全的产业，形成了多姿多彩的生活。

几千年前，中国人民便开始养蚕、取丝、织绸

中国人民最早掌握了种茶技术和制茶工艺

中国人民开凿了贯通南北的大运河

地震后重建的汶川县映秀镇风貌

人民群众是社会精神财富的创造者。人民群众通过物质生产实践，为创造精神财富提供了必要的物质条件和设施。人民群众的生产生活实践是一切精神财富、精神产品的源泉，离开了人民群众的生产生活，任何思想研究、科学探索、艺术创作就都成了无源之水、无本之木。人民群众还直接参与创造精神财富，他们之中产生了不少伟大的科学家、思想家和艺术家。

相关链接

习近平指出："人民是文艺创作的源头活水，一旦离开人民，文艺就会变成无根的浮萍、无病的呻吟、无魂的躯壳。"人民群众对精神财富的创造，突出表现在他们对生活素材进行加工，从而为艺术创作提供丰富的初成品。我国古代诗歌集《诗经》、古典小说《水浒传》《三国演义》《西游记》等，都是在民间口头文学的基础上创作的。人民群众对精神财富的创造作用，还表现在他们直接创造出无数优秀的精神产品。我国藏族英雄史诗《格萨尔王》、柯尔克孜族英雄史诗《玛纳斯》、蒙古族英雄史诗《江格尔》等大量的思想文化瑰宝，都是人民群众创造的。

> 人民是历史的创造者，是决定党和国家前途命运的根本力量。
>
> ——习近平

人民群众是社会变革的决定力量。人民群众在任何时期都是社会变革的主力军。生产关系的变革、社会制度的更替，最终都取决于生产力的发展，但不会随着生产力的发展而自发地实现和完成，必须借助人民群众的力量。在人类历史发展进程中，人民群众通过推动生产力的发展而不断创造和改变社会关系，从而不断推动社会历史的进步和发展。

2. 杰出人物在社会历史发展中的作用

阅读与思考

毛泽东在工作

中国自近代以来，在为实现救亡图存和振兴发展的长期努力中，在革命、建设和改革的实践中，产生了一批杰出人物，为中华民族伟大复兴作出了突出贡献。毛泽东就是领导中国人民彻底改变自己命运和国家面貌的一代伟人，为中华民族和中国人民建立了不朽功勋。

邓小平指出："没有毛主席，至少我们中国人民还要在黑暗中摸索更长的时间。"习近平指出："毛泽东同志为中国新民主主义革命的胜利、社会主义革命的成功、社会主义建设的全面展开，为实现中华民族独立和振兴、中国人民解放和幸福，作出了彪炳史册的贡献。"

- 你还知道哪些为中华民族伟大复兴作出巨大贡献的杰出人物？
- 他们在社会历史的发展中发挥了什么重要作用？

历史唯物主义肯定人民群众是历史的创造者，但也不否认个人在历史中的作用。那些代表先进阶级、阶层、集团的利益，能够反映时代要求的杰出人物，对推动历史发展作出了重要贡献或起到了重要作用。

相关链接

历史人物是一定历史事件的主要倡导者、组织领导者或思想理论、科学文化的重要代表人物。从其发挥作用的性质来看，历史人物有些起推动历史前进的进步作用，有些起阻碍历史前进的反动作用，而只有前者才是杰出人物。

杰出人物在历史发展中具有发起和探索作用。他们能够较早地认识和把握历史发展的趋势，集中反映人民群众的意愿，并根据这种趋势和意愿自觉提出推动历史前进的任务。杰出人物在历史发展中具有组织和领导作用。他们以卓越的见解和才能宣传鼓动、教育引导广大群众，领导群众去实现一定的历史任务。杰出人物在历史发展中具有表率和示范作用。他们具有特殊的人格魅力，在历史的前进运动中往往身先士卒、率先垂范。

要历史地、辩证地看待杰出人物在历史发展中的作用。任何杰出人物都是一定时代的社会历史条件的产物，不管他在历史上发挥了多大的作用，都是受到社会发展客观规律的制约，不能决定和改变历史发展的总进程和总方向。

相关链接

习近平指出：对历史人物的评价，应该放在其所处时代和社会的历史条件下去分析，不能离开对历史条件、历史过程的全面认识和对历史规律的科学把握，不能忽略历史必然性和历史偶然性的关系。不能把历史顺境中的成功简单归功于个人，也不能把历史逆境中的挫折简单归咎于个人。不能用今天的时代条件、发展水平、认识水平去衡量和要求前人，不能苛求前人干出只有后人才能干出的业绩来。

启思导行

历史上每一次重大事件无不展现着人民群众的力量，他们在历史长河中留下了许多可歌可泣的故事。

- 搜集相关典型事例，感受人民群众的伟大力量，并与同学分享感悟。

二、自觉站在最广大人民的立场上

1. 坚持人民至上

阅读与思考

2019 年 3 月 22 日，习近平在罗马会见意大利众议长菲科。菲科问了这样一个问题："您当选中国国家主席的时候，是一种什么样的心情？因为我本人当选众议长已经很激动了，而中国这么大，您作为世界上如此重要国家的一位领袖，您是怎么想的？"习近平的目光沉静而充满力量。他说，这么大一个国家，责任非常重、工作非常艰巨。我将无我，不负人民。我愿意做到一个"无我"的状态，为中国的发展奉献自己。

习近平情牵百姓、心系民生，经常到祖国各地考察民情，看望慰问各族群众。太行山区贫苦群众家里、新疆各族群众的村庄和社区里……都留下了他的身影。

2012 年 12 月，习近平在河北阜平困难群众家

2022 年 7 月，习近平在新疆乌鲁木齐和各族群众在一起

● 结合材料，谈谈"我将无我，不负人民"体现了中国共产党人怎样的情怀。

> 江山就是人民、人民就是江山，中国共产党领导人民打江山、守江山，守的是人民的心。
>
> ——习近平

中国共产党人始终牢记党的性质和宗旨，坚持人民至上，把人民放在心中最高的位置。中国共产党始终代表最广大人民根本利益，与人民休戚与共、生死相依。党团结带领人民进行革命、建设、改革，根本目的就是为了让人民过上好日子，无论面临多大挑战和压力，无论付出多大牺牲和代价，这一点都始终不渝、毫不动摇。

相关链接

一部红军长征史，就是一部反映军民鱼水情深的历史。1934 年 11 月，3 名女红军借宿徐解秀老人家中。见到徐家家境贫寒，家里连床御寒的被子都没有，女红军临走时，把 3 人仅有的一床被子剪下一半给老人留下了。老人说，什么是共产党？共产党就是自己有一条被子，也要剪下半条给老百姓的人。“半条被子”的故事充分体现了中国共产党人的人民情怀。

“半条被子”故事的雕塑

中国共产党人始终坚持党的群众路线，真正把以人民为中心落到实处。一切为了群众，一切依靠群众，从群众中来，到群众中去，这是党的群众路线。群众路线是党的生命线和根本工作路线。密切联系群众是党的优良传统。中国共产党始终依靠人民群众的力量，集中人民群众的智慧，获得了人民群众的衷心拥护和支持。

相关链接

编制和实施国民经济和社会发展五年规划，是中国共产党治国理政的重要方式。在规划编制中，党坚持把加强顶层设计和问计于民统一起来，鼓励广大人民群众和社会各界以各种方式建言献策。2020 年，党的十九届五中全会审议通过了《中共中央关于制定国民经济和社会发展第十四个五年规划和二〇三五年远景目标的建议》。在决议起草和修改过程中，召开了多场座谈会，包括企业家座谈会、党外人士座谈会、基层代表座谈会等。“十四五”规划编制还首次通过互联网向全社会广泛征求意见和建议，人民网、新华网及“学习强国”学习平台等均开设了“十四五”规划建言专栏。广大人民群众踊跃参与，留言 100 多万条，有关方面从中整理出 1 000 余条建议。

中国共产党人始终把实现人民对美好生活的向往，作为自己的奋斗目标。中国共产党人的初心和使命，就是为中国人民谋幸福，为中华民族谋复兴。中国共产党人始终不忘初心、牢记使命，努力为人民创造更美好、更幸福的生活。

2. 服务人民，奉献祖国

阅读与思考

卫国戍边的陈祥榕烈士

“清澈的爱，只为中国”，这是戍边烈士陈祥榕18岁时写下的一句战斗口号。当时班长问他：“你一个‘00后’的新兵，口号这么‘大’？”他回答说：“班长，这跟年龄没关系，我就是这么想的，也会这么做的。”陈祥榕坚定地说，也坚定地做到了。在2020年的边境对峙事件中，陈祥榕作为盾牌手冲在最前面，毫不畏惧、英勇战斗，直至壮烈牺牲。陈祥榕牺牲时不满19岁。清澈的爱，如此纯粹，又如此炽热；如此柔软，又如此坚忍。“清澈的爱，只为中国”，铮铮誓言和献身祖国的年轻生命，令无数国人为之泪目。

- 作为同龄人，陈祥榕的英雄事迹对你有什么触动？
- 有人说：“岁月静好，只因有人负重前行；山河无恙，只因英雄铁肩担当。”你怎样理解这句话？

新时代青年要担当时代责任。中华民族正处于历史发展的最好时期，我们既面临着难得的建功立业的人生际遇，也承担着实现中华民族伟大复兴的时代使命。青年一代有理想、有本领、有担当，国家就有前途，民族就有希望。广大青年要肩负历史使命，坚定前进信心，立大志、明大德、成大才、担大任，努力成为堪当民族复兴重任的时代新人。

相关链接

国防科技大学北斗青年创新团队

卫星导航技术是国家综合国力和技术实力的重要标志。2020年，北斗三号全球卫星导航系统全面建成并开通服务，我国成为世界上第三个独立拥有全球卫星导航系统的国家。

在北斗导航系统成长的年轮上，镌刻着一群年轻人“问天”的印记：他们在二十几岁读博士期间攻克北斗导航关键核心技术，从北斗一号卫星导航系统一路披荆斩棘，走到北斗三号全球卫星导航系统，从当年3个“毛头小子”的团队，经过20多年发展，成长为今天数百人的国家队。他们就是国防科技大学北斗青年创新团队。20多年来，他们克服了常人难以想象的困难，攻克了一个又一个科技难关，为北斗卫星导航系统建设立下了汗马功劳，书写了无愧于时代的青春华章。

新时代青年要与人民同呼吸、共命运。我们应牢固树立为人民服务的崇高理想，把人民的期盼和需要作为自己的奋斗目标，自觉把小我融入人民的大我之中。要增强对人民的深厚情感，从内心深处真正热爱人民。要时刻维护人民利益，坚决同一切损害人民利益的言行作斗争。

> 建成社会主义现代化强国，实现中华民族伟大复兴，是一场接力跑，我们要一棒接着一棒跑下去，每一代人都要为下一代人跑出一个好成绩。
>
> ——习近平

新时代青年要自觉投身服务人民的伟大实践，同人民群众一起拼搏。我们要“自找苦吃”，多到基层去磨炼、去“接地气”，在实践中锻炼提高分析问题和解决问题的能力，在祖国最需要的地方绽放青春之花，在实现中华民族伟大复兴的历史征程中书写精彩人生。

启思导行

2021 年，在中国共产党成立 100 周年之际，涌现出很多从不同方面艺术再现中国共产党发展历程的影视精品力作。其中，电视剧《觉醒年代》展现了从新文化运动到中国共产党成立这段时期波澜壮阔的历史画卷，在社会上引起巨大反响。

观看电视剧《觉醒年代》，或阅读李大钊的《青春》一文，或查阅有关资料，以班会交流分享、板报展示、写信（“穿越时空的对话”）等形式，探讨作为新时代青年，你准备如何服务人民、奉献祖国。

穿越时空的对话

第12课
实现人生价值

习近平指出："青年的价值取向决定了未来整个社会的价值取向，而青年又处在价值观形成和确立的时期，抓好这一时期的价值观养成十分重要。"价值观在人的发展中具有怎样的作用？应该怎样广泛践行社会主义核心价值观？怎样才能实现人生价值？学习本课，我们将懂得价值观是人生的向导，人的价值是自我价值和社会价值的统一，人生价值贵在奉献，要立足岗位诚实劳动，争做新时代的奋斗者和追梦人。

一、树立正确的价值观

1. 价值观的导向作用

阅读与思考

抗战时期，爱国青年奔赴延安

"延安的城门成天开着，成天有从各个方向走来的青年，背着行李，燃烧着希望，走进这城门。"这是诗人何其芳1938年年初到延安时的见闻和感受。

全民族抗战开始后，中国共产党坚持全面抗战路线，取得了一系列战果，鼓舞了全国军民的信心。一时间，中共中央所在地延安成为令人向往的圣地，"到延安去"成为不愿做亡国奴的人们的共同选择。广大知识青年怀抱救国理想，冒着连天炮火，冲破重重阻碍，从国统区、沦陷区、海外奔赴延安。他们中有文学家、音乐家、戏剧家、电影明星、新闻记者、律师、医生、教师等，更多的是青年学生。这些年轻人在延安接受了革命教育后，成为抗日救国的骨干力量。

- 为什么当年许多有志青年向往延安，克服重重困难奔赴延安？

价值观是人生的向导。价值观是人们对于事物价值的总的看法和根本观点。人生观是人们关于人生目的、人生态度、人生价值等问题的根本观点。人生观的核心问题是价值观问题，价值观影响一个人的理想、信念、生活目标，影响人们对人生目的、人生意义、人生道路等问题的思考和选择。价值观不同，人们在面对公与私、义与利、苦与乐、生与死等冲突时作出的选择也不同。

相关链接

中华民族历来有崇尚道义的传统。孔子强调“君子喻于义，小人喻于利”，孟子说过“生，亦我所欲也；义，亦我所欲也。二者不可得兼，舍生而取义者也”，这种重义轻利的义利观在中国历史上影响深远。宋代范仲淹的“先天下之忧而忧，后天下之乐而乐”，清代林则徐的“苟利国家生死以，岂因祸福避趋之”，展现了中国人天下为公、担当道义的观念，体现出浓厚的家国情怀、强烈的社会责任感。

在一定社会的各种价值观中，居于核心地位、起着主导作用的价值观是核心价值观。核心价值观承载着一个民族、一个国家的精神追求，体现着一个社会评判是非曲直的标准，是一个民族赖以维系的精神纽带，是一个国家共同的思想道德基础，是最持久、最深层的精神力量。

相关链接

中国传统医学认为，一个人只有巩固根本、培养元气，身体才能充满活力、保持健康、益寿延年。对于一个民族、一个国家来说，这个“本”、这个“元”，就是社会认同的核心价值观。我们这样一个有14亿多人口、56个民族的大国，更需要用共同的价值观即社会主义核心价值观来固本培元、凝魂聚气，振奋全民族的精气神。

2. 广泛践行社会主义核心价值观

阅读与思考

任静是一名从事为老服务工作的专业护士。她对工作充满了无限的热爱，无怨无悔地付出。从业的这些年里，任静每年都陪伴老人们度过除夕。新冠疫情突然暴发后，任静第一时间递交“请战书”。在疫情期间，她守护着需要隔离观察的返院老人，数十天不分昼夜地陪伴着他们。多年的为老服务，铸就了任静最美好的青春岁月。任静获得2019年中国技能大赛——第九届全国民政行业职业技能竞赛养

任静热心地陪伴老人

老护理员职业竞赛第一名，并被授予“全国技术能手”称号。任静还荣获了“北京青年五四奖章”等荣誉。

任静的事迹如何体现了社会主义核心价值观？

富强、民主、文明、和谐，自由、平等、公正、法治，爱国、敬业、诚信、友善，是社会主义核心价值观的基本内容。它回答了我们要建设什么样的国家、建设什么样的社会、培育什么样的公民的重大问题。社会主义核心价值观是当代中国精神的集中体现，凝结着全体人民共同的价值追求，是凝聚人心、汇聚民力的强大力量。它告诉我们中国特色社会主义事业到底追求什么、要向着什么方向走，为我们提供了价值判断和价值选择的根本标准，引导我们明大德、守公德、严私德。

相关链接

2014 年 5 月 4 日，习近平在北京大学师生座谈会上的讲话中指出：是非明，方向清，路子正，人们付出的辛劳才能结出果实。面对世界的深刻复杂变化，面对信息时代各种思潮的相互激荡，面对纷繁多变、鱼龙混杂、泥沙俱下的社会现象，面对学业、情感、职业选择等多方面的考量，一时有些疑惑、彷徨、失落，是正常的人生经历。关键是要学会思考、善于分析、正确抉择，做到稳重自持、从容自信、坚定自励。要树立正确的世界观、人生观、价值观，掌握了这把总钥匙，再来看看社会万象、人生历程，一切是非、正误、主次，一切真假、善恶、美丑，自然就洞若观火、清澈明了，自然就能作出正确判断、作出正确选择。

> 广大青年要把正确的道德认知、自觉的道德养成、积极的道德实践紧密结合起来，自觉树立和践行社会主义核心价值观，带头倡导良好社会风气。
>
> ——习近平

青少年是祖国的未来，民族的希望。青少年阶段是人生的“拔节孕穗期”，是价值观形成和确立的重要时期。我们要重视良好价值观的养成，努力践行社会主义核心价值观，扣好人生第一粒扣子；努力身体力行，将社会主义核心价值观推广到全社会中去，为实现国家富强、民族振兴、人民幸福的中国梦凝聚强大的青春能量。

要把社会主义核心价值观落细、落小、落实。新时代青年要将社会主义核心价值观转化为人生的价值准则，使其成为一言一行的基本遵循、日常的行为准则，切实做到勤学、修德、明辨、笃实。勤学以增智、修德以立身、明辨以正心、笃实以为功，在激扬青春、开拓人生、奉献社会的进程中书写无愧于时代的壮丽篇章。

相关链接

广大青年树立和践行社会主义核心价值观，要在以下几点上下功夫。一是要勤学，下得苦功夫，求得真学问。为学之要贵在勤奋、贵在钻研、贵在有恒。二是要修德，加强道德修养，注重道德实践。既要立意高远，又要立足平实。要立志报效祖国、服务人民，还得从做好小事、管好小节做起，踏踏实实修好公德、私德。三是要明辨，善于明辨是非，善于决断选择。要学会思考、善于分析、正确抉择。四是要笃实，扎扎实实干事，踏踏实实做人。道不可坐论，德不能空谈。于实处用力，从知行合一上下功夫，社会主义核心价值观才能内化为人们的精神追求，外化为人们的自觉行动。

启思导行

有这样一群人，他们默默地做着自己认为该做的“小事”，或助人为乐，或见义勇为，或诚实守信，或敬业奉献，或孝老爱亲……他们是“小人物”，却在做着了不起的“大事业”。2008 年 5 月以来，中央文明办组织开展“我推荐我评议身边好人”活动，每月推评一期“中国好人榜”。该活动生动讲述中国好人故事，传播高尚精神和道德情操，在全社会营造学习好人、宣传好人、关爱好人、争当好人的浓厚氛围，激励人们向上向善、孝老爱亲，忠于祖国、忠于人民。

- 模拟“中国好人榜”的评选方式，推举身边好人，介绍其主要事迹，并说明推荐理由。

二、人生价值贵在奉献

1. 人生价值是自我价值和社会价值的统一

阅读与思考

张桂梅是云南省丽江市华坪女子高级中学党支部书记、校长，为大山里的女孩点亮梦想是她的毕生追求。张桂梅在滇西深山贫困区坚守教育事业数十年，在党和政府以及社会各界的帮助下，她推动创建了一所全免费女子高中。自 2008 年建校以来，张桂梅坚持家访，

张桂梅和学生在一起

行程十余万千米，帮助2 000余名贫困女孩圆了大学梦，用知识改变了贫困山区女孩的命运，用教育阻断了贫困的代际传递，创造了大山里的教育奇迹。张桂梅的先进事迹在全国引起了广泛反响。2020年，张桂梅被中央宣传部授予“时代楷模”称号；2021年，她被中共中央授予“七一勋章”。

● 结合张桂梅的先进事迹，说说你对人生价值的认识。

在现实生活中，人们在处理个人与社会、理想与现实、付出与收获等人生历程中的重大问题时，总会有所取舍、有所好恶，总会有一定的标准。这些都与人们对人生价值的看法密切相关。

相关链接

革命烈士林觉民

什么样的人生才是有价值的人生？不同的人作出了不同的选择，革命烈士林觉民给出了他的答案。林觉民是黄花岗七十二烈士之一，就义时年仅24岁。

1911年黄花岗起义前夕，林觉民给父亲和妻子分别写了绝笔信。他在《禀父书》中写道：“不孝儿觉民叩禀：父亲大人，儿死矣，惟累大人吃苦，弟妹缺衣食耳，然大有补于全国同胞也。大罪乞恕之。”他在《与妻书》中写道：“吾充吾爱汝之心，助天下人爱其所爱，所以敢先汝而死，不顾汝也。汝体吾此心，于啼泣之余，亦以天下人为念，当亦乐牺牲吾身与汝身之福利，为天下人谋永福也。汝其勿悲！”字字句句情真意切，感天动地。林觉民牺牲小家，牺牲个人，为天下人谋幸福的高尚情操跃然纸上。

人生价值包括人生的自我价值和社会价值两个方面。自我价值是个体的活动对自己的生存和发展所具有的价值，主要表现为对自身物质和精神的满足程度。社会价值是个体的活动对社会、他人所具有的价值，主要表现为个人对社会的责任和贡献。

自我价值是个体生存和发展的必要条件，个体通过努力提高自我价值的过程，也是其创造社会价值的过程。人的自我完善和全面发展，是社会发展的根本目标，社会发展就是要满足人们对美好生活的需要。

社会价值是人的根本价值，是自我价值实现的基础。个体无法脱离社会而存在和发展，个体的活动不仅要满足自我的需要，还必须满足社会的需要。个体的需要能不能从社会中得到满足，在多大程度上得到满足，取决于他对社会和他人的贡献。没有社会价值，人的自我价值就无法存在。评价人生价值主要看个体对社会所作的贡献。当自我价值和社会价值发生矛盾时，自我价值应服从于社会价值。

> 如果一个人只为自己劳动，他也许能够成为著名的学者、伟大的哲人、卓越的诗人，然而他永远不能成为完美的、真正伟大的人物。
>
> ——马克思

2. 在奉献社会中实现人生价值

阅读与思考

四川省甘孜藏族自治州境内有一条全长604千米、平均海拔3 500米以上的雪线邮路，这条线路气候条件恶劣、交通运输状况差。其美多吉就是这条邮路上的一名长途邮车驾驶员，他数十年如一日，驾驶邮车累计行驶里程140多万千米，相当于绕地球赤道35圈。“只要有邮件，邮车就得走；只要有人在，邮件就会抵达”，抱着这样的信念，其美多吉每个月都要开着邮车穿越雀儿山20多次。在川藏公路上，经常出现社会车辆抛锚、驾乘人员发生高原反应的情况，其美多吉和他的同事们总是热心帮忙。遇到堵车时，他还会承担起“临时交警”的责任，对来往车辆进行疏导。多年来，邮车已经成为川藏线的一面旗帜，其美多吉被群众誉为“雪线邮路的幸福使者”。2019年，其美多吉被中央宣传部授予“时代楷模”称号。

整装待行的其美多吉

- 结合材料和自身实际，谈谈你对奉献的理解。

在积极奉献中实现人生价值。人是价值的创造者，也是价值的享用者。人的价值是奉献与获取的统一。奉献推动了社会发展，为个人的正当获取打下基础；正当的获取又会激发起个人的积极性和

> 选择吃苦也就选择了收获，选择奉献也就选择了高尚。
>
> ——习近平

创造性，为社会作出更大的贡献。二者不可分割地联系在一起，只有“我为人人，人人为我”，社会才能和谐进步。

相关链接

志愿者、志愿服务是当下使用频率很高的词语。无论是抗震救灾、抗洪抢险，还是奥运会、残奥会，处处可见志愿者的身影。他们活跃在人们需要的地方，带来温暖，感动世界。参与志愿工作，既是在帮助他人、服务社会，同时也是在传递爱心和传播文明。广大志愿者秉承着“奉献、友爱、互助、进步”的志愿精神，勾画出一道道亮丽的“志愿红”。

立足本职岗位实现人生价值。每个人的职业不同、能力大小不同，对社会贡献的绝对量也不同，不能简单地认为能力大的人就实现了人生价值，能力小的人就没有实现人生价值。任何人只要在自己的岗位上尽职尽责，兢兢业业，就应该对他的人生价值给予积极肯定的评价。

以诚实劳动实现人生价值。劳动是创造价值的源泉，是推动人类社会进步的根本力量。衡量人生价值的标准，最重要的就是看一个人是否用自己的劳动和聪明才智为国家和社会真诚奉献，为人民群众尽心尽力服务。劳动最光荣、劳动最崇高、劳动最伟大、劳动最美丽。我们要树立正确的劳动观，崇尚劳动、热爱劳动、辛勤劳动、诚实劳动，立足岗位，在劳动奉献中实现人生价值。

未来属于青年，希望寄予青年。新时代青年要以实现中华民族伟大复兴为己任，增强做中国人的志气、骨气、底气，勇做走在时代前列的奋进者、开拓者、奉献者，争做新时代的大国工匠、能工巧匠、高技能人才，为全面建设社会主义现代化国家、全面推进中华民族伟大复兴贡献力量。

启思导行

在我国社会主义革命、建设、改革的非凡历程中，一代又一代奋斗者顽强拼搏、不懈奋斗，涌现出无数感天动地的英雄模范。他们用智慧和汗水，甚至鲜血和生命，为国家富强、民族振兴、人民幸福书写了可歌可泣的壮丽篇章。各个历史时期的英雄模范都值得我们敬仰和学习。在“伟大历程　辉煌成就——庆祝中华人民共和国成立70周年大型成就展”上，就有7面英雄模范人物墙，集中展现新中国发展进程中涌现出的英雄模范人物。

- 你知道哪些英雄模范人物？分享他们的事迹，并谈谈你将如何奉献社会，实现人生价值。

内容概览

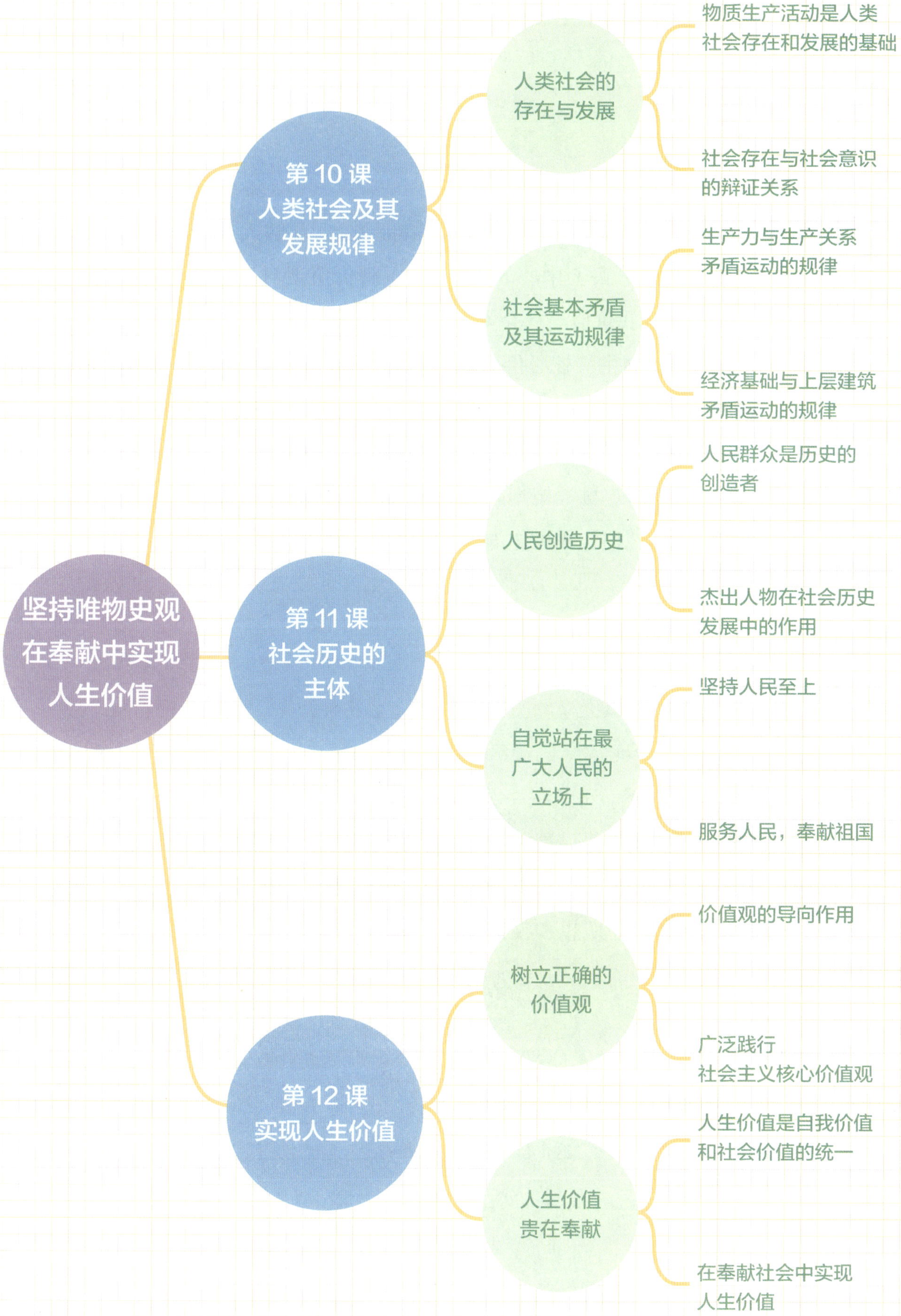

坚持唯物史观
在奉献中实现
人生价值
第 10 课
人类社会及其
发展规律
人类社会的
存在与发展
物质生产活动是人类
社会存在和发展的基础
社会存在与社会意识
的辩证关系
社会基本矛盾
及其运动规律
生产力与生产关系
矛盾运动的规律
经济基础与上层建筑
矛盾运动的规律
第 11 课
社会历史的
主体
人民创造历史
人民群众是历史的
创造者
杰出人物在社会历史
发展中的作用
自觉站在最
广大人民的
立场上
坚持人民至上
服务人民，奉献祖国
第 12 课
实现人生价值
树立正确的
价值观
价值观的导向作用
广泛践行
社会主义核心价值观
人生价值
贵在奉献
人生价值是自我价值
和社会价值的统一
在奉献社会中实现
人生价值

学以致用

坚持人民至上　让青春在奉献中闪光

▶活动目标

1. 认识社会存在与社会意识的辩证关系，理解人民群众的历史地位，领会坚持以人民为中心的重要性，了解价值观对人们的行为具有导向作用，理解自我价值与社会价值的关系。

2. 认同社会主义核心价值观，坚持人民至上的信念，树立正确的劳动观和为人民服务的意识，增强“服务人民，奉献祖国”的责任感。

3. 提高从社会发展规律的角度辨析社会现象的能力，能够用正确的价值观和劳动观科学规划人生，作出正确抉择，努力践行社会主义核心价值观，立足当下，积极作为，在奉献社会中书写人生华章。

▶活动任务与建议

任务一：以“如果停止了物质生产，人类社会将会怎样”为议题，探讨生产劳动对于社会发展的重要意义

1. 遐想有感。可组织一次主题班会，讨论“假设自己所学专业对应的行业领域停止工作一周，对社会生活会产生什么影响”，运用马克思主义哲学观点解释造成这种影响的原因，感受所学专业对社会生活的重要性。将自己的所思所想和收获记录下来。

假如____________________行业停止工作一周……

社会生活受到的影响是：____________________

造成影响的原因是：____________________

这个行业的重要性是：____________________

收获：____________________

2. 交流心得。可组织一次采访活动，分组采访从事本专业相关工作的优秀学长、先进工作者、劳动模范、大国工匠，也可以把他们请到班级座谈，在采访交流中加深自己对未来所从事的职业的认识，学习他们从事生产劳动的态度和做法，为自己立足专业岗位促进社会生产做好准备。

任务二：以“为什么说‘人民是真正的英雄’”为议题，探讨人民群众是历史的创造者

1. 观影有知。可组织一次观影活动。通过观看历年《感动中国年度人物颁奖盛典》和经典影视作品（如《我和我的祖国》《我和我的家乡》《大国工匠》《功勋》等），了解人民群众在革命、建设和改革中发挥的历史作用，感悟只有坚持人民立场，才能在为人民服务中实现人生价值。观影后，结合“人民群众的历史地位”，就个人如何作为写一篇观后感。

2. 演艺有感。可组织一次“我心目中的英雄”舞台剧活动。以小组为单位，以“人民、时代与个人的关系”为主要内容，选择在革命、建设、改革中发挥重要影响、能够启发鼓舞同学的典型事迹，排演成小型舞台剧。班级通过网络、班会、公演等不同形式，组织家长、老师、同学和其他社会人员观看，可组织不同形式的点评和评选，深化认知，升华情感，激发作为，并及时记录活动感想。

任务三：以“怎样才能不负青春”为议题，探讨在社会主义现代化建设中实现人生价值的途径

1. 榜样参照。可组织一次故事分享会。寻找身边的榜样，学习劳动模范的事迹，通过讲故事的方式展现这些榜样是如何践行社会主义核心价值观、实现人生价值的，以及他们的事迹带给自己哪些启示。所选定的榜样可以是你心目中的名人，也可以是父母、老师、优秀学长、本专业先进人物等。

2. 演讲赋能。可组织一场“不负青春，强国有我”的主题演讲。通过演讲，表达自己立足专业，奋斗当下，为社会主义现代化建设奉献青春的态度和决心。

▶活动评价

评价内容	评价人员	评价方式	评价维度						总结反思
			语言表达	问题分析	事件处理	成果呈现	个人状态	团队合作	

说明：

- 评价人员：本人、同学、家长、教师等。
- 评价方式：采用赋分评价、评语结论评价等。
- 评价维度：语言表达是否清晰准确，问题分析是否全面准确，事件处理是否恰当，成果呈现是否完整，个人状态是否积极，团队合作是否有效。
- 总结反思：从成效、改进措施等方面进行。

后 记

本教科书由教育部组织编写，经国家教材委员会审核通过。

国家教材委员会大中小学德育一体化专家委员会和思想政治审议专家委员会委员及相关专家，对教科书的编写与修改完善进行了悉心指导和严格把关。北京市、内蒙古自治区、辽宁省、浙江省、山东省、河南省、湖南省、四川省、云南省、青海省、新疆维吾尔自治区等地教育行政部门、教研部门及部分学校参与了试教试用，提出了很好的意见建议。同时，教科书还征求了中华职业教育社、中国职业技术教育学会等单位以及广大教研员和一线教师的意见。

高等教育出版社承担了教科书的编辑出版工作，在组织编写、编辑加工、制作印刷以及试教试用等方面给予了大力支持。中华全国总工会、中国图片社、中新图片等机构提供了照片资料。对教科书的编写、出版提供帮助的同仁和社会各界朋友还有很多，在此一并表示诚挚的谢意。

期盼广大师生、家长提出宝贵意见，我们将集思广益，对教科书不断修订完善。

联系方式

电　　话: 400-810-0598

电子邮箱: zzzx@pub.hep.cn

编　者

2023年8月